Herausgegeben von
Melissa Schumacher und Petra Hess
Berlin, 2016

www.indojunkie.com

Design von Marco Miehling
www.marcomiehling.de

ISBN: 978-3-00-052930-6

Ein Dank geht an eine ganz besondere
Freundschaft, ohne die dieses Buch nicht
entstanden wäre.

UNSER INDONESIENBLOG: INDOJUNKIE
Wir freuen uns sehr, dass du dich für unser Buch entschieden hast und wünschen dir eine wundervolle Zeit beim Lesen und Reisen. Wenn dir unser Buch gefällt, besuch doch auch unseren Blog Indojunkie.

Mit Indojunkie möchten wir Backpackern, Auswanderern, Menschen mit viel Fernweh oder einfach nur kulturell interessierten Lesern einen Einblick in das magische Land Indonesien schenken. Zusammen mit vielen Gastautoren bloggen wir regelmäßig über Insider-Tipps zum Reisen, Leben, Tauchen, Surfen und Arbeiten in Indonesien. Es geht auch um das Innere dieses Landes, seine Rituale, Zeremonien, Probleme und Geheimnisse.

In Interviews und Portraits berichten wir über die Menschen und ihre Geschichten. Darüber hinaus ist unser Indonesien-Blog Indojunkie auch ein Expertenpool von Menschen, die bereits viel Zeit in Indonesien verbracht haben und bei uns zu Wort kommen. An einigen Stellen in diesem Buch geben wir dir Lesetipps für unseren Blog. Achte auf die grüne Hand! Gib den Titel des Tipps in die Suchzeile auf Indojunkie.com ein und du findest weitere Infos und spannende Beiträge. So bleibst du immer auf dem neuesten Stand und wir hoffen, dass viele Anregungen für dein nächstes Abenteuer in Indonesien dabei sind. Für Feedback, Anregungen und aufregende Geschichten sind wir jederzeit offen. Wir freuen uns auf dich!

Lesetipps findest du hier im Buch!
www.indojunkie.com

1. BUKIT HALBINSEL

2. CANGGU

3. DENPASAR KUTA UND SEMINYAK

4. SANUR

5. RUND UM NUSA LEMBONGAN

6. RUND UM UBUD

7. RUND UM BANGLI

8. RUND UM KARANGASEM

INHALTSVERZEICHNIS
122 Things to do in Bali

9. NORD BALI

10. WEST BALI

WILLKOMMEN AUF BALI

⇩

WARUM BALI?

Indonesien ist ein Land unglaublicher Vielfalt. Üppige Natur, traumhafte Landschaften, spannende Kulturen und nicht zuletzt ein reiches Angebot an Aktivitäten machen Indonesien zu einem phantastischen Reiseziel. Wer eine oder mehrere der 17.000 Inseln besucht, reist zwar „nur" in einem Land, nimmt jedoch Eindrücke und kulturelle Einflüsse von tausenden mit.

Bali ist die bekannteste und am besten erschlossene der unzähligen Inseln Indonesiens. Jedes Jahr strömen Millionen Touristen aus der ganzen Welt hierher, um den Spirit der "Insel der Götter" zu erleben. Es ist egal, welche Reisementalität du mitbringst - Bali bietet für jedes Bedürfnis eine passende Option. Sonnenanbeter lassen an den paradiesischen Stränden und in den Hängematten auf der Bukit Halbinsel die Seele baumeln.

Kulturliebhaber können unzählige mystische Tempelstädte und Paläste besuchen und sich während der traditionellen Tänze, Zeremonien und Gamelan-Konzerte in Balis magischer Kultur verlieren.

Partyliebhaber erleben in Kuta bei Reiswein und Bintang wilde Nächte und erholen sich am nächsten Morgen am endlos langen Strand bei Gitarrenklängen und Nelkenzigaretten von den Strapazen der letzten Nacht. Für Aktive stehen die Vulkane Batur und Agung zum Aufstieg bereit. Abenteurer und Naturliebhaber kommen bei einer Tour durch Balis Norden auf ihre Kosten. Unzählige Riffe und Schiffwracks warten im Osten und Norden darauf, von Tauchern entdeckt zu werden. Surfer finden bei makellosen Wellen im Westen und Süden der Insel ihr Paradies auf Erden.

Bali hat einen ganz eigenen Spirit. Du musst ihn selbst erleben, um ihn verstehen zu können. **HAPPY TRAVEL!**

GEOGRAPHIE UND KLIMA

Bali ist die westlichste der kleinen Sundainseln und liegt zwischen Java und Lombok. Neben dem Festland gehören noch die vorgelagerten Inseln Nusa Lembongan, Nusa Penida und Nusa Ceningan zur Provinz Bali. Du kannst per Flugzeug über den internationalen Flughafen Ngurah Rai in Denpasar (DPS) anreisen oder mit der Fähre von Java oder Lombok. Die Einreise bei einem 30-tägigen Aufenthalt ist kostenlos.

 Lesetipp: *Visum Indonesien*

Auf Bali wechseln sich Trocken- und Regenzeit ab. Die Regenzeit beginnt im November und endet im März, wobei zwischen Dezember und Februar am meisten Niederschlag fällt. Die Insel bietet ein tropisch-warmes Klima mit einer Durchschnittstemperatur von 29 bis 34 Grad und rund sieben Sonnenstunden am Tag während der Trockenzeit.

In den Bergregionen ist die Temperatur etwas niedriger. Während der Regenzeit ist der Himmel häufig wolkenverhangen. Die geringste Luftfeuchtigkeit herrscht im Mai und Juni, sowie im September und Oktober. Unterwasserliebhaber können sich auf eine Wassertemperatur von durchschnittlich 28 Grad freuen. Die beste Reisezeit für Bali liegt zwischen Mai und Oktober.

WIRTSCHAFT

Die wichtigsten Wirtschaftsfaktoren auf Bali sind der Tourismus, die Landwirtschaft, der Fischfang und der Handel mit handwerklichen Erzeugnissen, zum Beispiel Holzschnitzereien, Steinskulpturen oder Silbererzeugnisse. Rund drei Millionen Touristen strömen jedes Jahr nach Bali, wobei die meisten Reisenden aus Australien, China und Japan kommen.

Die kleine Insel Bali wird landwirtschaftlich stark genutzt. Es werden vor allem Reis, Gemüse, Früchte, Kaffee, Nelken und Kokosnüsse angebaut. Reisbauern führen bis zu drei Ernten im Jahr durch. Heutzutage werden leider immer mehr Reisfelder verkauft, um Villen und touristische Infrastruktur auf den Grundstücken zu errichten.

Als Nutztiere werden Wasserbüffel für den Reisanbau eingesetzt. Außerdem halten Landwirte oftmals Rinder, Schweine, Enten und Hühner. Bali ist zudem die natürliche Heimat von Schildkröten, Schlangen, Affen und tropischen Vögeln, sowie dem Gecko, einem nützlichen "Insektenliebhaber".

RELIGION

Mit über 90 Prozent bekennt sich der größte Teil der Bevölkerung auf Bali zur Hindu-Dharma-Religion. Auf der Insel hat sich eine ganz eigene Form des Hinduismus gebildet. Die Balinesen glauben daran, dass alles in der Natur seine eigene Macht hat. Diese Macht kann für Gutes oder Böses verwendet werden. Deshalb glauben die Einwohner sowohl an weiße, als auch an schwarze Magie. Heiler und Schamanen können diese Magie nutzen, um Menschen von Krankheiten zu heilen oder sie auf der anderen Seite gezielt krank zu machen.

Das Meer ist der Sitz böser Geister. Auf den Vulkanen leben die guten Götter. Die Balinesen glauben daran, dass stets Harmonie zwischen Gut und Böse auf der Welt herrschen muss. Täglich werden Opfergaben vor Häusern und Tempeln abgelegt, um die bösen Geister zu besänftigen. Die Rituale und Feste bestimmen das tägliche Leben der Balinesen. Die Inselbewohner investieren sehr viel Geld in Zeremonien und religiöse Feiertage, wie Nyepi und Kuningan.

PROBLEME

Auf Bali herrscht ein gravierendes Müllproblem, ausgelöst durch zu viel Plastik, eine nicht funktionierende Abfallversorgung und zu viele Menschen auf zu kleinem Raum. Touristen sollten deshalb auf Bali möglichst umweltschonend agieren, auf Plastik verzichten und sich für nachhaltige Unterkünfte und Aktivitäten entscheiden.

Aufgrund der starken Landflucht ist der touristische Süden rund um Kuta, Denpasar und Seminyak stark überlastet. Zur Rush-Hour herrscht dichter Stau und es liegen fiese Abgase in der Luft. Zu den wichtigsten Transportmitteln zählt der Roller. Durch den zunehmenden Wohlstand sieht man aber auch immer mehr Autos auf den Straßen Balis. Auch unter Wasser nehmen die Probleme immer weiter zu. Korallen und Fische sind durch den zunehmenden Bootsverkehr, die starke Verschmutzung der Küstenabschnitte und den destruktiven Fischfang stark gefährdet. Aktuell werden durch die Bevölkerung erfreulicherweise immer mehr Programme geschaffen, die für ein grünes Bali kämpfen und nachhaltige Projekte fördern.

 Lesetipp: *Bali, das Müllparadies*

ESSEN

Reis bildet die Grundlage für die meisten Gerichte auf Bali, die oft scharf gewürzt sind. Preislich sind die Mahlzeiten sehr erschwinglich. Abseits der Touristengebiete wird man unter zwei Euro satt.

Zu den traditionellen Gerichten auf Bali zählt das Babi Guling, das an das deutsche Spanferkel erinnert und vor allem auf Zeremonien und Festen serviert wird. Außerdem genießen Balinesen gerne gefüllte Ente (Bebek Betutu), welche du in vielen Warungs findest.

Fast überall auf Bali kannst du Gado-Gado (Gemüse mit Erdnussoße), Sate (Fleischspieße mit Erdnusssoße), Ayam Goreng (frittiertes Hühnchen), Soto Ayam (Hühnchen Suppe), Bakso (Fleischbällchensuppe), Nasi Campur (gemischten Reis) und Nasi Goreng, sowie Mie Goreng bestellen (frittierten Reis / frittierte Nudeln). Als Süßspeisen sind Martabak (Pfannkuchen), Klepon (Reisküchlein), Bubur Hitam (schwarzer Klebreis), Es Buah (Eisfrüchte) oder Bubur Kacang (Mungbohnenbrei) sehr beliebt.

Getrunken wird vor allem Kopi (balinesischer Kaffee), Es Teh (Eistee), Kelapa Muda (Frische Kokosnuss) und Jus Buah (Fruchtsäfte). In touristischen Gebieten gibt es eine große Auswahl an westlichem Essen, welches jedoch grundsätzlich teurer ist als die lokalen Speisen. Zudem ist es ökologisch nachhaltiger, sich für indonesische Gerichte zu entscheiden. Warung ist die indonesische Bezeichnung für ein günstiges Restaurant.

SICHERHEIT

Bali ist prinzipiell ein sicherer Ort zum Reisen. Wer mit Sinn und Verstand vorgeht, hat meist nichts zu befürchten. Grundsätzlich kannst du davon ausgehen, dass die meisten Balinesen Touristen mögen und Fremden gegenüber sehr offen und aufgeschlossen sind – schließlich lebt ein großer Teil der Insel vom Tourismus. Die Einheimischen sind an den Anblick des „Bule" gewöhnt und man kann als Frau problemlos im Bikini (nicht unbedingt „oben ohne") am Strand liegen. Generell gilt es, nicht zu offen sein Hab und Gut zu präsentieren, die Traditionen des Landes zu respektieren und sich dementsprechend zu verhalten. Dazu gehört, niemanden unnötig zu verärgern, auf seine Sachen zu achten und nicht gerade alleine sturzbetrunken durch die Straßen zu irren. Krankheiten, vor allem AIDS, verbreiten sich auch auf Bali immer mehr. Auf der Insel sind außerdem viele streunende Hunde und Affen unterwegs, die in seltenen Fällen mit dem Tollwutvirus infiziert sein können.

Im Straßenverkehr solltest du gerade beim Rollerfahren besonders vorsichtig sein und immer einen Helm tragen.

Auf Bali solltest du auf einen guten Schutz vor den schwarz-weiß gestreiften „Dengue-Mücken" achten. Sie sind meist dann unterwegs, wenn es hell ist, also sowohl tagsüber, wie auch in einer hellen Mondnacht. In der Regenzeit kommt es vermehrt zur Übertragung von Dengue-Fieber.

Viele Reisende beklagen sich nach dem Konsum von lokalem Essen auf Bali über den sogenannten „Bali Belly", was eine Magenverstimmung bzw. den typischen Reisedurchfall beschreibt. Sei demnach zurückhaltend bei Nahrungsmitteln wie Rohkost, Milch- und Eierspeisen, sowie Getränken mit Eiswürfeln.

 Lesetipp: *Reisekrankheiten in Indonesien*

INFRASTRUKTUR

Balinesen sprechen untereinander Balinesisch, aber die Amts- und Schulsprache ist Indonesisch. Im Indonesischen wird das lateinische Alphabet verwendet. Indonesier, die in der Tourismusbranche arbeiten, sprechen zumeist auch ein brauchbares Englisch.

Viele Regionen Balis verfügen über eine sehr gute Infrastruktur für Touristen. Wer durch Bali reist, kann die komplette Bandbreite an fahrbaren Untersätzen mitnehmen: Auf der öffentlichen Fähre von Bali nach Lombok schippern, mit einem „Bemo" (Kleinbus) von Denpasar nach Singaraja tuckern, mit dem Roller rund um die Bukit Halbinsel heizen, mit dem Schnellboot nach Nusa Lembongan brettern oder mit Hilfe eines „Ojeks" (Motorradtaxi) in den Städten von A nach B gefahren werden.

VERHALTENSTIPPS

Lass uns Bali gemeinsam zu einem besseren Ort machen. Wenn du in Bali reist, respektiere die Menschen, die Kultur und die Natur. Verhalte dich stets angemessen - ob an religiösen Orten, beim Einkaufen, am Strand oder in deinem Homestay. Zeige Interesse für die Kultur der Insel, die Geschichten der Balinesen und die Schönheit der Natur.

Reise nachhaltig. Wende so oft es geht die drei R's an: "Reduce, Reuse, Recycle". Versuche, auf Plastik zu verzichten. Da es keine richtige Müllentsorgung auf Bali gibt, landet Plastik am Ende im Meer oder in den Reisfeldern. Es gibt Alternativen wie Bambusstrohhalme, wiederverwendbare Trinkflaschen oder Stoffbeutel.

Versuche weniger westliche, importierte Produkte zu konsumieren und mehr lokale Mahlzeiten zu genießen. Bevorzuge zudem Homestays gegenüber Hotels und nutze Strom und Wasser bewusst.

Vermeide im Umgang mit Locals übertriebene Emotionen und weise niemanden zurecht. Dies führt dazu, dass ein Balinese sein Gesicht verliert. Nutze niemals die linke Hand zum Überreichen von Geld oder zur Begrüßung, denn diese wird als unrein empfunden. Vermeide es, deine Fußsohlen Locals entgegenzustrecken. Dies gilt als unhöflich, denn Füße sind unreine Körperteile, wohingegen der Kopf heilig ist.

Und zu guter Letzt: Versuche, ein paar Worte Indonesisch zu lernen, habe Geduld, lächle häufiger, lass deine Denkstrukturen zu Hause, lebe in den Tag hinein und mache so wenig Pläne wie möglich.

LEGENDE

1. BUKIT HALBINSEL
2. CANGGU
3. KUTA, DENPASAR UND SEMINYAK
4. SANUR
5. RUND UM NUSA LEMBONGAN

6. RUND UM UBUD
7. RUND UM BANGLI
8. RUND UM KARANGASEM
9. NORD BALI
10. WEST BALI

Wasserfälle

Vulkan

Amed

Batur
Vulkan

7

8

6

2

Seminyak

3

4

Denpasar

Fähre

5

Gili
Inseln

Lombok

BUKIT HALBINSEL

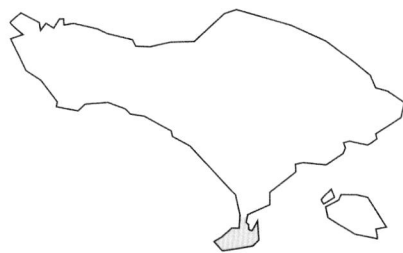

Die Bukit Halbinsel liegt ganz im Süden von Bali. Der kleine trockene Zipfel Balis ist vor allem bei Surfern bekannt und beliebt. Sie kommen aus der ganzen Welt nach Uluwatu, Balangan, Impossibles und Padang Padang, um die überragenden Wellen zu reiten. Jede Region auf Bukit hat ihr ganz eigenes Flair.

Da wäre der bezaubernde Hippiestrand Bingin oder der entspannte Piratenstrand Balangan. In Nusa Dua triffst du in Luxushotels oder auf dem Golfplatz eher auf die etwas betuchteren Reisenden.

Am Dreamland und Pandawa Strand gesellen sich gerne asiatische Touristen in Gruppen mit Selfie-Stangen. Rund um Uluwatu findest du tagsüber Pro-Surfer auf der Jagd nach der besten Barrell und am Abend Sunset-Lover auf der Suche nach dem romantischsten Platz in den Klippen-Restaurants. Was dich auf Bukit erwartet? Fantastische Surfbedingungen, legendäre Strandpartys, inspirierende Yoga-Sessions, bezaubernde Strände, faszinierende Klippen-Landschaften und spektakuläre Sonnenuntergänge. Aber Achtung: Auf Bukit herrscht absolute "Hängen-Bleib-Gefahr".

1. SCHIPPER MIT DER BLACK PEARL DEM SONNEN-UNTERGANG ENTGEGEN

Die "Black Pearl" ist ein "Jungkung", ein traditionelles balinesisches Boot. Der Heimathafen der "Black Pearl" ist der Kelan Strand in Jimbaran, direkt neben dem größten Fischmarkt Balis (Punkt 6). Die "Black Pearl" ist auf Bali vermutlich das einzige schwarze Boot mit einer Piratenflagge – du kannst es also kaum verfehlen. Made Black, wie sich der Kapitän stolz nennt, bietet von hier aus Bootstouren entlang der Bukit Halbinsel an. Das Boot ist mit acht gepolsterten Sitzen ausgestattet – demnach können maximal acht Reisende mitfahren. Freu dich zudem auf die Netze an den Seiten des Bootes zum Entspannen während der Fahrt. Für die Sicherheit ist auch gesorgt: Es gibt Schwimmwesten und GPS-Navigation an Bord.

Um vier Uhr Nachmittags werden die „Segel gehisst" bzw. der Motor angeschmissen. Das Boot fährt am Kelan Strand ab und schippert entlang der Bukit Halbinsel. Du kommst an den Surfspots Balangan, Dreamland, Impossible, Padang-Padang und Uluwatu vorbei und kannst den Surfern beim Wellenreiten von einer ganz neuen Perspektive zuschauen. Das Boot passiert atemberaubende Felswände, einsame Strände und quirlige Orte, wie die berühmte Rockbar in Jimbaran oder die Single Fin Bar in Uluwatu. Made Black und sein Co-Kapitän Ohok sorgen während der Fahrt für gekühltes Bier.

Das Ziel der Tour ist Uluwatu. Hier wird der Anker ausgeworfen. Du kannst den Sonnenuntergang genießen, ein Bierchen trinken, eine Runde schwimmen gehen, den Surfern zuschauen oder einfach nur den Moment festhalten. Wenn du Glück hast, siehst du Delfine und Dugongs.

Nachdem die Sonne untergegangen ist, fährst du langsam zurück zum Kelan Strand. Die Sterne über dir, die Lichterskyline neben dir, das schwarze Nichts unter dir – ein absolut magischer Moment. Gegen sieben Uhr abends legst du wieder am sicheren Hafen an. Eine Tour mit max. acht Leuten kostet eine Million Rupiah (Stand: 2015). Je mehr Leute du zusammen trommelst, desto günstiger wird es demnach.

KONTAKT
Facebook - Black Pearl Jimbaran Bay

2. GENIESSE DEN AUSBLICK RUND UM DEN ULUWATU TEMPEL

Ein Ausflug zum Tempel Pura Luhur ist ein Muss für jeden Bukit-Besucher. Der Blick rund um das Bauwerk mit gigantischen Klippen und brechenden Wellen gilt als einer der schönsten Balis. Dieser besondere Ort zieht dich sofort in seinen Bann. Der Tempel selbst ist eher unspektakulär - dafür ist die Umgebung einfach umso schöner.

Komm entweder früh morgens, um den Touristenmengen zu entgehen, oder am Abend zum Sonnenuntergang - dann kannst du gleich anschließend den traditionellen Kecak Dance (Punkt 4) auf dem Tempelgelände besuchen! Aber Achtung: Hier kann es brechend voll werden. Außerdem laufen rund um den Tempel Pura Luhur viele freche Äffchen herum. Das Sicherheitspersonal ist stets mit Steinschleudern bewaffnet, um die Tiere in die Flucht zu schlagen.

3. MACH YOGA MIT BLICK ÜBER GANZ ULUWATU

Wenn du auf der Bukit Halbinsel unterwegs bist, dann solltest du deinen Morgen mit einer ausgiebigen Yoga-Session bei Mu Yoga am Bingin Strand beginnen. Du findest die wunderschöne Anlage direkt neben der Tempel Lodge. Eine Yoga-Session kostet 120.000 Rupiah und ist für Anfänger, wie für Fortgeschrittene geeignet. Die Yogahalle ist offen und bietet eine natürliche Wind-Klimaanlage. Nach dem Yoga kannst du in der liebevoll gestalteten Umgebung gemütlich frühstücken und einen atemberaubenden Blick von Padang-Padang bis Dreamland genießen. Probiere den Joghurt mit Früchten und Granola. Yammi!
Andere Top-Adressen für die Yogis unter uns sind das Morning Light Yoga in den Uluwatu Surf Villas (Uluwatu), die The Temple Lodge (Bingin) und Yoga im Cashew Tree (Bingin).

4. SCHAUE DIR DEN KECAK DANCE AN

Der Kecak-Tanz ist einer der berühmtesten Tänze Balis und wurde vor allem durch Hollywood-Filme und internationale Dokumentationen bekannt. Kecak-Tänzer sind ausschließlich männlich. Meistens finden Vorführungen zum Sonnenuntergang statt. In der Dämmerung werden die Tänzer nur von Kerzenlicht beleuchtet, das wandernde Schatten rund um die Männer wirft. Die geheimnisvolle Atmosphäre wird durch das Fehlen von Instrumenten noch verstärkt. Die einzige Musik beim Tanz sind die meditativen, fast schon mystischen Gesänge der Männer. Der Kecak-Tanz handelt von einer Liebesgeschichte zwischen dem Prinzen Rama und der Prinzessin Sita. Für seine Liebe und den Thron von Ayodya muss Prinz Rama gegen den bösen König Ravan kämpfen. Mit Hilfe der affenähnlichen Kreatur Vanara, die übernatürliche Kräfte besitzt, kann der böse König zum Ende hin besiegt werden. Durch seinen Sieg wird Prinz Rama wieder mit seiner großen Liebe vereint und erlangt den Thron von Ayodya zurück.

Du kannst dir den Kecak Dance beispielsweise im Uluwatu Tempel Pura Luhur anschauen. Täglich finden hier zum Sonnenuntergang Aufführungen statt. Es kann jedoch ganz schön voll werden. Wenn du es etwas ruhiger magst, kannst du sonntags am Padang Padang Strand vorbeischauen. Hier werden einmal in der Woche Kecak-Tänze aufgeführt.

Höre dich aber am besten nochmal vor Ort um, wann und wo die wöchentlichen Events rund um Padang Padang stattfinden. Ort und Zeitpunkt variieren hier gerne.

 Lesetipp: *Leben als balinesischer Tänzer*

5. TANZE AUF DEN STRAND-PARTYS DER BUKIT HALBINSEL

Die Bukit Halbinsel ist ein Paradies für Surfer und so hat sich hier eine kleine Surfer-Gemeinde sesshaft gemacht. Nach einem langen Tag im Meer und einem herrlichen Sonnenuntergang findet man die Jungs und Mädels abends auf einer der vielen Strandpartys der Umgebung.

SONNTAGS und **MITTWOCHS** kannst du auf der bekanntesten Party im "Single Fin" in Uluwatu feiern gehen. Meist spielt eine lokale Band im oberen Bereich und im unteren Bereich legt ein DJ elektronische Musik auf. Gerade sonntags ist es hier leider sehr voll! Am **DONNERSTAG** solltest du ins "Cashew Tree" einkehren. Hier tritt jede Woche eine andere Band auf. Nach der Band gibt es elektronische Musik von wechselnden DJs. **SAMSTAGS** zieht es alle Reisenden und Expats in die Bucht von Padang Padang zu chilligem Live-Reggae und anschließenden blechernen elektronischen Klängen. Mach dich **FREITAGABEND** auf die Suche nach der Beachparty am Thomas Strand! Bei High Tide werden deine Füße während des Tanzens von Wellen umspült.

Die Partys fangen meist um neun Uhr an und enden gegen Mitternacht.

Wohin es danach noch geht? Na, zu den beiden 24/7 Supermarkets rund um Padang Padang. Hier trifft sich die Partymeute, nachdem die Musik ausgegangen ist, um noch ein paar letzte (günstige) Bierchen zu trinken oder ein dickes Magnum zu verschlingen. Die Läden sind rund um die Uhr geöffnet und nach Mitternacht und zum Vortrinken "The Place to Be" rund um Ulu.

6. KAUFE FRISCHEN FISCH AUF DEM GRÖSSTEN FISCHMARKT

In Jimbaran findest du den Hotspot der Fischer, denn hier gibt es den größten Fischmarkt Balis. Unzählige Fischerboote parken vor den Hallen am Strand oder entlang des Stegs, um frische Ware zu entladen oder mitzunehmen. In den vielen winzigen Gängen der Markthalle werden allerlei Unterwasserlebewesen angeboten, entschuppt und zerhackt. Dieser Ort ist nichts für sensible Nasen.
Wenn du in der Markthalle genauer hinschaust, erkennst du hier eine akribische Anordnung der verschiedenen Fische und Meeresfrüchte. Von Tintenfischen, über Muscheln bis hin zum Snapper, für jeden Fisch gibt es eine bestimme Ecke. Wenn du Fisch isst, suche dir einen Fisch aus und teste gleichzeitig deine Verhandlungsskills. Das frisch gefangene Seafood kannst du direkt vor Ort zubereiten lassen.

BUKIT HALBINSEL
Surferparadies mit Traumstrand-Garantie

Mega (24), Bali

Nori (50), Japan

Austin (25), USA

Agus (13), Bali

Wir empfehlen das Restaurant Hawaii, es ist direkt gegenüber der Tankstelle neben dem Markt. Für 20.000 Rupiah brutzeln dir die Köche vom Warung dein Mahl. Billiger wird man in ganz Bali keinen frischen Fisch bekommen. Guten Appetit!

7. GENIESSE DEN SCHÖNSTEN SONNENUNTERGANG DER INSEL

Die Gegend rund um Uluwatu, von der Surfer-Gemeinde liebevoll "Ulus" genannt, hat einen ganz eigenen Spirit. Der Fernblick über den Indischen Ozean ist unvergesslich. Hier wimmelt es von Surfern aus den verschiedensten Ecken der Erde, die diesen Weltklasse-Surfspot aufsuchen. An den Klippen des Suluban Strandes haben sich unzählige Warungs und Surfshops angesiedelt.

Nimm dir einen Abend Zeit und suche dir einen schönen Ort für den Sonnenuntergang. Wenn du gerne elektronische Beats hörst und hippe Menschen um dich herum hast, dann kehre ins "Single Fin" ein. Wenn du es lieber ruhiger magst, laufe die Steintreppe nach unten und suche dir einen gemütlichen Warung, wie zum Beispiel das Surya Cafe. Bei einem kühlen Bintang oder einem Fruchtshake erlebst du hier den eindrucksvollsten Sonnenuntergang der Insel. Du kannst beobachten, wie sich aus dem Ozean langsam die Wellen aufbauen. Unzählige Surfer versammeln sich zu einem Sunset Surf und die komplette Bucht ist in das goldene Licht des Sonnenuntergangs

getaucht - ein magischer Anblick! Bei Low Tide kannst du den Sonnenuntergang auch in den Riffpools von Uluwatu ansehen - einfach von den Warungs aus den Treppen nach unten folgen bis du zur Höhle und zum kleinen Strand kommst. Den Rest findest du von alleine!

FILMTIPP: Wenn du mehr über Uluwatu erfahren möchtest, dann schau dir den Film "Ulu 32" an. Er erzählt die Geschichte über diesen besonderen Ort.

8. MACHE BEACH HOPPING AUF DER BUKIT HALBINSEL

Auf Bukit findest du einige der schönsten Strände Balis. Am meisten Spaß macht das Beach-Hopping mit dem Roller! Die kleinen Straßen schlängeln sich entlang der trockenen Halbinsel und bieten perfekte Bedingungen zum Rollerfahren. Nur wenig Verkehr und wenige große Kreuzungen machen es dir einfach, im Straßenverkehr zurecht zu kommen. Aber Achtung, es herrscht Linksverkehr! Trage immer einen Helm, fahre langsam und nicht zu weit in der Mitte. Es finden leider viele Überholmanöver statt, in denen die Autos gerne auf die gegenüberliegende Fahrbahn kommen.

Jetzt kannst du dich auf die Suche nach den bezaubernden Stränden rund um Ulu machen. Unsere Lieblinge sind der Thomas Strand, der Binqin Strand (siehe auch Punkt 11), der Suluban Strand und der Balangan

BUKIT HALBINSEL
Surferparadies mit Traumstrand-Garantie

Strand. Der Padang Padang Strand ist vor allem durch den Film „Eat Pray Love" bekannt geworden, deshalb ist er mittlerweile etwas überlaufen. Hier kannst du wunderbar andere Leute beobachten und dem Sonnenuntergang auf einem SUP-Board entgegenpaddeln (Punkt 14).

Die Strände Bingin, Suluban und Balangan sind in der Surfer-Szene sehr bekannt. Hier kannst du den ganzen Tag den Pros beim Wellenreiten zuschauen und dich durch das riesige Angebot der Warungs naschen. Jeder Strand hat seine ganz eigene Atmosphäre. Bingin ist der Hippie-Hotspot. Balangan ein kleiner Piratenstrand mit vielen süßen Holzwarungs, und der Suluban Strand strahlt eindeutig Surfer-Pro-Flair aus. Bei Low Tide kannst du von Padang Padang bis zum Strand Dreamland spazieren gehen, eine unglaublich inspirierende Strecke.

Noch vor ein paar Jahren war Dreamland den Erzählungen zufolge ein wirkliches "Traumland". Mittlerweile liegt dicker Pauschaltourismus in der Luft. Beim Schlendern am Strand musst du regelmäßig Selfiestangen ausweichen. Die schreckliche Ballermann-Musik verfolgt dich den ganzen Tag. Die Locals hören die Musik am Abend noch in ihren Häusern und sind mittlerweile gelangweilt davon. Verständlich! Dieser Strand hat leider jeglichen Charme verloren.

Der Thomas Strand lockt eher Sonnenanbeter als Surfer an. Hier gibt es keinen richtigen Surfspot und es ist meistens nicht viel los. Du findest am Thomas Strand einige kleine Warungs und die wöchentlich stattfindende legendäre Thomas Beach Party.

Der Tegal Wangi Beach ist eine absolute Perle unter den Stränden Balis. Versteckt zwischen Höhlen, Felsen und Klippen entdeckst du diesen winzigen Strand zwischen Balangan und Jimbaran. Er ist nicht gerade einfach zu finden, aber das macht schließlich den Reiz aus. Schau den Surfern zu, wie sie von den Klippen ins Wasser springen um die Wellen vom Surfspot „Honeymoon" zu reiten. Nimm dir aber etwas zu snacken mit, denn hier gibt es weit und breit keinen Warung. Von dem Tegal Wangi Tempel hast du eine atemberaubende Sicht entlang der gigantischen Klippen. Hier werden gerne Hochzeits-Shootings gemacht.

Tropisch-türkisblaues Wasser und eine kleine Höhle findest du am Strand von Greenbowls. Nach den sehr vielen Stufen, die du leider bezwingen musst, um zum Green Bowl Beach zu gelangen, wartet ein wunderschöner Strand auf dich. Es lohnt sich, bei den Straßenverkäufern eine Kokosnuss zu kaufen, um sie dann am Strand zu genießen, während du den Surfern beim Wellenreiten zuschaust. Gehe am besten gleich vormittags zum Greenbowl Beach, da nachmittags die Sonne hinter den Klippen verschwindet.

Wenn die Sonne zu stark ist, kannst du dir ein kleines Schattenplätzchen in der großen Höhle direkt am Greenbowl Beach suchen.

Keine Menschenseele triffst du am langen Nyang-Nyang Strand. Wenn du Glück hast, kannst du den kilometerlangen und wunderbar weißen Sandstrand ganz alleine für dich haben. Er ist nicht ohne Grund menschenleer: Um den Strand genießen zu können, musst du entweder sehr viele Stufen hinabsteigen oder auf einem versteckten Pfad durch den Wald laufen.

Der anstrengende Abstieg - und vor allem später der Aufstieg - lohnen sich aber auf alle Fälle! Da es am Strand nichts zu kaufen gibt, solltest du dir Getränke oder sogar ein Picknick mitnehmen. Versuche, bei Flut zum Nyang-Nyang Strand zu gelangen! Denn bei Ebbe kannst du hier leider nicht schwimmen.

DIE TRAURIGE GESCHICHTE DES BALANGAN STRANDES

Anfang 2015 sind bei einem Brand einige der Warungs am Balangan Strand komplett zerstört worden und viele Familien haben ihre Lebensgrundlage verloren. Am Tag des Brandes waren viele Besitzer auf einer Zeremonie. In wenigen Minuten sind sieben Warungs und Homestays abgebrannt. Die Besitzer haben eine finanzielle Unterstützung i.H.v. 100 Millionen Rupiah (umgerechnet knapp 7000 Euro) von der LPD (staatliche Organisation in Indonesien) erhalten. Außerdem halfen Gäste beim Wiederaufbau finanziell mit. Der Besitzer des Santai Bali Homestays schaffte es bereits 14 Tage nach dem Brand, die Schäden an seinem wundervollen Haus mithilfe seiner Freunde, Familie

und Gäste zu reparieren. Für viele Warungs reichte das Geld der LPD jedoch nicht aus. Nyoman vom Balangan Cafe hatte ihr Warung bereits drei Jahre vor dem Brand aufgebaut. Sie besaß ursprünglich sieben Zimmer für ihre Gäste. Vier Monate nach dem Brand hat sie wieder drei neue Zimmer gebaut, musste aber selbst ordentlich zuschießen, um Materialien und neue Möbel zu kaufen, neue Leitungen zu legen und eine komplett neue Küche zu errichten. Nach dem Brand blieben ihr natürlich auch die Einnahmen aus. Es waren schwere Zeiten. Langsam sehen Nyoman und ihre drei Kids wieder Licht am Ende des Tunnels.

UNTERKUNFTTIPPS

Low Budget: Swami's Homestay, Bingin Beach, 250.000 Rp, +62- 83114404010
Mid Budget: Padang Padang Breeze, Padang Padang, 385.000 Rp, +62-8123837096
High Budget: Mu Bungalows, Bingin Beach, ab 90 USD, +62-85338167746

9. GÖNN DIR EINEN HAUCH VON LUXUS AUF DER BUKIT

Du willst dir ein wenig Luxus gönnen? Dann fahre zum privaten Strand des Finn's Beach Clubs im Süden der Bukit Halbinsel. Dieser Ort hat etwas ganz Besonderes.

Am Abend wird oftmals ein Lagerfeuer organisiert und es fließen ordentlich Cocktails. Samstags gibt es sehr oft Live-Musik. Tagsüber kannst du schnorcheln, Kayak

BUKIT HALBINSEL
Surferparadies mit Traumstrand-Garantie

fahren, Stand-Up paddeln, im Berg-Pool entspannen oder einfach nur die "Creme de la Creme" von Bali beim Schlürfen von Kokosnüssen beobachten.

Oder schnapp dir 300.000 Rupiah und verbringe einen Tag in den Blue Point Bay Villas, direkt neben dem Single Fin Restaurant. Von dem Eintritt kannst du dir ein Essen leisten, ein Getränk schlürfen und den Sunset Pool nutzen.

Auch das spanische Restaurant El Kabron lockt Besucher durch den grandiosen Infinity Pool mit Blick über ganz Ulus und einem gigantischen Spot zum Sonnenuntergang. Du zahlst 350.000 Rupiah Eintritt. 300.000 Rupiah sind gleichzeitig dein Guthaben für Essen und Trinken. Den Pool kannst du dann natürlich mitnutzen. Genieße es!

10. GENIESSE EIN BBQ AM STRAND AUF DER BUKIT

Was gibt es Schöneres, als den Tag mit einem ausgiebigen BBQ und einem kühlen Bintang am Strand abzuschließen? Genau, nichts! Die besten Orte fürs Grillen am Strand sind der Bingin Strand, der Padang Padang Strand und der Jimbaran Strand.

BINGIN STRAND: Jeden Abend zum Sonnenuntergang stellen einige Warungs am Bingin Strand ihre Stühle raus in den Sand und bieten leckeres BBQ an. Du kannst beispielsweise im Bingin Ombak Warung gegrillten Fisch zum Sonnenuntergang genießen. Im Bingin Bagus gibt es ein ähnliches Grill-Angebot. Wenn du während deines Abendessens Surfvideos anschauen möchtest, bist du im Lucky Fish goldrichtig.

PADANG PADANG STRAND: Von Montag bis Samstag wird im Padang Padang Cafe am gleichnamigen Strand schmackhaftes BBQ serviert. Ein absolut magischer Ort für ein Abendessen. Hole dir nach dem Essen noch ein Bier und lasse einen perfekten Tag mit Wellenrauschen und Sand zwischen den Zehen ausklingen.

JIMBARAN STRAND: Etwas teurer und schicker kannst du am Jimbaran Strand frischen Fisch kosten. Das Seafood-Dinner am Jimbaran Bay ist bekannt aus dem Film "Eat Pray Love" mit Julia Roberts.

Tagsüber findest du am Strand in Jimbaran den üblichen Badebetrieb. Nachmittags beginnen die Restaurantbesitzer, ihre Strandliegen gegen Tische und Lampignons zu tauschen. Du kannst dir deinen Fisch im Aquarium aussuchen, der dir dann gegrillt mit Suppe, Reis und Soßen serviert wird. Ab dem frühen Abend sind die Restaurants gut gefüllt und die Gäste werden mit Tanzeinlagen, wie zum Beispiel dem berühmten Legong Tanz (Punkt 61), unterhalten. Das große Angebot an Lokalen führt natürlich auch dazu, dass das eine oder andere Restaurant relativ leer gefegt ist.

11. VERBRINGE DEN TAG AM BINGIN STRAND

Der Bingin Strand ist wunderschön gelegen, von türkisblauem Meer umgeben. Einige gemütliche Warungs haben sich über die letzten Jahre in den Klippen und am Strand von Bingin angesiedelt.
Wie du dieses wunderschöne Fleckchen Erde findest? Fahre bis zur Bingin-Schranke und halte dich danach links, bis ans Ende der Straße. Nach einem schmalen Fußweg musst du einige Stufen zum Strand hinablaufen. Dann wirst du aber mit einem gigantischen Weitblick über den Indischen Ozean, eingerahmt von Bäumen und bunten Blumen, belohnt. Nimm dir einen ganzen Tag Zeit, um diese kleine Welt zu entdecken.

Mach es dir am Morgen in der Sofaecke in **KELLYS WARUNG** mit Blick auf den Bingin Surfspot gemütlich. Hier hängen viele Surfer und Sonnenanbeter ab, die ein wenig Schatten suchen. Bestelle dir zum Frühstück eine Pitaya Bowl mit frischen Früchten und extra Granola oder ein Purple Haze. Lecker und herrlich erfrischend! Halte Ausschau nach der Bingin-Seekuh, die hier regelmäßig auftaucht - nachdem sie das leckere Seegras genascht hat.

Trinke eine Kokosnuss auf der Dachterrasse von **OCEAN ROYAL** mit Blick über ganz Ulu. Schwimme bei High Tide die Küste entlang und schau dir die kleinen Häuschen von einer ganz anderen Perspektive an.

Schlürfe eine Flasche Kambucha im **SWAMI'S HOMESTAY** und beende den Tag mit einem BBQ am Strand bei einem Bintang zum Sonnenuntergang. So sieht ein perfekter Tag aus!

12. ERKUNDE BALI BEIM PARAGLIDING VON DER LUFT AUS

Nirgends wirst du dich so frei fühlen wie beim Paragliding. Wie ein Vogel schwebst du durch die Lüfte und segelst mit dem Wind. Der Pilot sitzt, mit einem Gurtzeug gesichert, in einer gemütlichen Sitzposition und kann von hier aus stundenlang den Himmel erkunden. Auf Bali gibt es wunderschöne Ecken zum Paragliding. Die atemberaubende Landschaft auf der Bukit Halbinsel bietet türkisblaue Buchten, Weltklasse-Surfspots, wunderschöne Tempel und raue Klippen. Im Norden von Ubud kannst du den aktiven Vulkan Batur erkunden, der im Jahr 1994 das letzte Mal ausgebrochen ist. An der Ostküste von Bali kannst du in Candidasa sogar durch die Wolken segeln.

Wenn du nicht nur einen Tandemflug machen, sondern dich lieber selbst durch die Lüfte schwingen möchtest, solltest du einen Paragliding-Schein machen! Es ist gar nicht so schwer zu lernen. In Bali gibt es viele Schulen, die sicheres Equipment und eine gute Ausbildung bieten. Wenn du das erste Mal unterwegs bist, dann ist die Gegend rund um Timbis auf der Bukit Halbinsel mit ihren guten und einfachen Paragliding Spots gut geeignet. Die Bereiche im Inneren der Insel sind eher für Fortgeschrittene.

TIPP PARAGLIDING SCHULE
Timbis Aero Club, Ketut Manda
www.timbis.com

13. GEH MIT MADES CREW UND DER BLACK PEARL FISCHEN

Die "Black Pearl Jimbaran" bietet neben Sonnenuntergangs-Abenteuern (Punkt 1) auch Angel-Touren an. Made Black ist im lokalen Angler-Club und organisiert leidenschaftlich gerne Angelausflüge für Freunde und Reisende. Du wirst fünf bis sechs Stunden auf dem Meer unterwegs sein. Genieße die Ruhe auf offener See und lausche den Gesprächen der Crew. Die Jungs geben dir gerne Insider-Angler-Tipps und erklären dir alles über die Fische der Balisee. Was du hier fangen kannst? Made sagt, dass vor allem Rote Schnapper, Dickkopf-Makrelen, Barrakudas und Schwarze Marlins bei ihm anbeißen. Er nimmt am liebsten vier Personen auf seine Angeltouren mit. Bei mehr Gästen ist die Gefahr einfach zu groß, dass sich die Angel-Schnüre ständig verheddern.

14. ENTDECKE DIE BUKIT HALBINSEL BEIM SUP

SUP steht für „Stand-Up Paddeling" und ist wohl die entspannteste Art des Wassersports. Wie auf einer kleinen Insel schwebst du über den Indischen Ozean und siehst bei warmen Sonnenstrahlen das türkisblaue Wasser an dir vorüberziehen. Ganz nebenbei trainierst du nahezu alle Muskelgruppen und verbesserst deinen Gleichgewichtsinn. Was du brauchst? Ein spezielles Surfbrett, ein Paddel und gute Balance. SUP ist leicht zu lernen. Für deine ersten Paddelversuche ist eine SUP-Unterrichtsstunde zu empfehlen, bei der du die richtige Haltung und vor allem die richtige Paddeltechnik lernst.
Für Sunset-SUP gibt es wohl keinen schöneren Ort als die Bucht von Padang Padang. Ein SUP-Board bekommst du direkt am Strand oder bei Erik vom "Le Sabot Homestay". Die Strömung kann hier stark sein, daher solltest du besser mit einem Guide rausgehen! Am Jimbaran Beach verleiht der süße Laden "Priority" SUP-Bretter und hilft dir auch bei deinen ersten Stehversuchen. Infos zum Shop findest du auf der Website *www.suprentalbali.com.*
Die lange Bucht vom Jimbaran kannst du am Besten vom Brett aus erkunden. Weitere schöne Plätze findest du auf der Bukit Halbinsel, in Nusa Lembongan, (Punkt 53) und in Sanur (Punkt 47).

15. GENIESSE EINE LOKALE MASSAGE IN ULUWATU

Ist dein Rücken müde vom ganzen Roller-fahren, Surfen und Im-Sand-Tanzen? Kein Problem! Nutze die Chance und gönne dir eine ausgiebige Massage. Bei Tara Mas-sage auf der Jalan Uluwatu bekommst du eine gute Massage für unter 100.000 Rp. Ein anderer guter Wellness-Spot ist die Temp-le Lodge kurz vor dem Bingin Strand. Hier gibt es ein richtiges Spa mit Massagen für 150.000 Rp.
Die Umgebung der Temple Lodge ist bereits Entspannung pur. Sehr empfehlenswert!

CANGGU

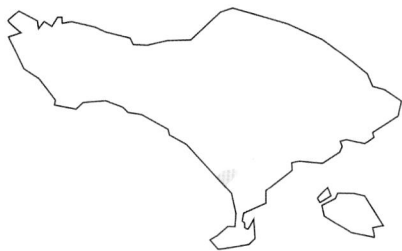

Das ehemalige Fischerörtchen Canggu befindet sich im Süden von Bali, nördlich von Seminyak und südlich von Tanah Lot. Die Region Canggu erstreckt sich auf den kompletten Küstenstreifen von Berawa, über den Batu Bolong und Echo Strand bis hin zum Pererenan Strand. Vor allem Surfer, Yogis und Food-Lover kommen in Canggu voll auf ihre Kosten. Es gibt ein riesiges Angebot an gesunden Restaurants, inspirierenden Yoga-Studios, herausfordernden Surfspots und entspannenden Wellness-Angeboten. Am Abend trifft sich die Partymeute in den beliebten Läden Deus Ex Machina, Old Man's, Pretty Poison oder in der Sand Bar. Und mehrmals im Monat finden an jenen Party-Hotspots auch kreative Märkte statt.

In Canggu hat sich in den letzten Jahren eine große Expat-Community entwickelt, die hier einen hippen Lifestyle pflegen. Die Gegend rund um Canggu entwickelt sich rasant. Jeden Tag sprießen neue Restaurants, Yoga-Studios und Surf-Shops aus dem Boden. Die typischen Reisfelder der Region werden immer weiter reduziert. Große Hotels und Strandclubs sind in Planung, wodurch Canggu wohl langfristig an Charme verlieren wird.

16. TAUCHE EIN IN DIE YOGAWELT VON CANGGU

Ubud ist das Mekka der Yogis auf Bali. Aber auch in Canggu haben sich viele von ihnen niedergelassen und wunderschöne Orte für deine tägliche Yogapraxis geschaffen.

Das **DESA SENI** ist eine kleine bezaubernde Welt für sich. Hier herrscht eine friedliche und magische Atmosphäre. Überall sind kleine inspirierende Sprüche und Mantras angebracht. Ob im organischen Garten, im entspannenden Pool oder in den gemütlichen Hängematten - hier kannst du deine Seele vollkommen baumeln lassen. Täglich finden im Desa Seni mehrere Yogastunden statt. Ob Vinyasa Flow, Sunrise Hatha, Anusara Yoga, Kundalini Yoga oder traditionelles Ashtanga Yoga, jeder Yogi kommt in diesem Yoga-Tempel auf seine Kosten.
Die Klassen sind in der Hauptsaison relativ voll. Zwei Mal die Woche findet zudem kostenloser Unterricht für Locals statt, was wir persönlich großartig finden, denn die aktuellen Touristenpreise in Bali kann sich kaum ein Local leisten!

Oder schau doch mal in dem süßen Yoga-Studio **SAMADI BALI** vorbei. Hier gibt es auch spezielle Sessions für Surfer, in denen die müden Paddel-Rücken ordentlich liebkost werden. Normale Yogaklassen findest du dort natürlich auch. Im Samadi Bali gibt es zudem ein kleines organisches Cafe mit gesundem Essen in einem entspannten Chillout-Bereich.

Jeden Freitag finden auf der Wiese am Old Men`s Surfspot kostenlose **ACRO YOGA JAMS** statt. Hier treffen sich Acroholics, Bali Expats und Yogi Traveller, um gemeinsam in den Sonnenuntergang zu "fliegen". Die Gruppe auf Facebook heißt "Acro Yoga Canggu Bali". Oftmals haben die Jungs und Mädels auch eine Slackline dabei. Also, worauf wartest du noch? Fly high!

Im **SERENITY ECO GUESTHOUSE** finden täglich bis zu fünf Yogastunden statt. Hast du Lust auf eine Runde Vinyasa Krama am frühen Morgen? Oder doch lieber gemütliches Yin Yoga am Abend? Im Serenity Yoga können zudem Surfer ihre angespannten Körper beim "Yoga for Surfing" wieder auf Vordermann bringen. Die Anlage ist in der Nähe von Batu Bolong, sehr ruhig gelegen und absolut inspirierend eingerichtet.
Nach der Yoga-Session kannst du am Pool relaxen und noch einen abschließenden Wheatgrass Shot im gemütlichen Restaurant vom Serenity zu dir nehmen. Toller Platz für einen Seelen-Nachmittag.

Im **THE CHILLHOUSE - BALI SURF AND BIKE RETREAT** stehen vormittags und nachmittags Yoga und Meditation auf dem Programm. Nach deiner Yogastunde kannst du noch gemütlich einen Power Smoothie im Restaurant trinken oder eine Runde im Pool schwimmen und den Abend wunderbar ausklingen lassen. So startest du voller Energie in den neuen Tag.

17. ENTDECKE DIE PARTYSZENE IN CANGGU

In Canggu ist der **SONNTAG** der beste Tag zum Feiern. Aber auch an anderen Tagen wird den Feierwütigen unter uns ordentlich was geboten. Die vier Orte des Geschehens sind das Old Man's Restaurant am Batu Bolong Strand, die Sand Bar am Echo Beach, das Pretty Poison am Shortcut und das Restaurant Deus ex Machina an der Kreuzung zum Echo Beach.

Am **MITTWOCHABEND** („Dirty Wednesday") trifft sich ganz Canggu im Old Man's Restaurant, um bei Hip-Hop Musik zu feiern und Bintangs zu trinken. Auch an anderen Abenden ist hier oftmals Programm - meist Live-Musik oder DJ's. Mittwochs, freitags und sonntags parkt außerdem ein kleines Photo-Booth-Tuc-Tuc vor de Old Man's. Hier kannst du dir ein schönes Souvenir drucken lassen. Wochentags ist im Old Man's zwischen fünf und sechs Uhr Happy Hour.

Das Restaurant Deus ex Machina ist gleichzeitig auch ein Surfshop und eine Kunstgalerie. Im Rockabilly-Style werden dort neben Surfboards auch kultige Motorräder verkauft. **DIENSTAGS** ist "Taco-n-Tattuesday", an dem du dir ein kostenloses Tattoo stechen lassen kannst, wenn du Tacos und Cocktails bestellst. Ohne Witz! Am **SONNTAGABEND** versammelt sich die ganze Canggu-Community bei Live Musik im Deus.

Ab 12 Uhr geht die Musik aus, dann zieht die Partymeute weiter in die Sand Bar, wo bei blechernen Techno-Klängen bis früh in den Morgen mit Sand zwischen den Zehen getanzt wird.

Seit Mitte 2015 trifft sich die Hipster- und Skater-Community Canggus jeden **SAMSTAGABEND** im Pretty Poison, um gemeinsam Bierchen zu trinken und zu skaten oder den Pros beim Fahren zuzuschauen. Je später der Abend, desto mehr trauen sich in den Skate Pool. Hier geht es vor allem ums Sehen und Gesehen-Werden.

18. TU ETWAS FÜR DEIN KARMA UND UNTERSTÜTZE GREEN-BOOKS.ORG

Petr ist einer jener Menschen, die viel Zeit in Indonesien verbracht haben und dem Land nun gerne etwas zurückgeben möchten. Mit green-books.org hat er ein Projekt geschaffen, das Bildung und vor allem nachhaltiges Denken nach Indonesien bringen soll.

In Indonesien gibt es keine Lesekultur. Selten sieht man Erwachsene in Büchern schmökern. Auch die Kinder wachsen nicht mit kunterbunten Kinderbüchern auf. Dabei sind Bücher eine tolle Möglichkeit, Kindern spielerisch Dinge über Umwelt- und Naturschutz beizubringen.

CANGGU
Hipster-Örtchen für Surf-Wannabes und Yogis

In den Schulen Indonesiens lernen Kids nur wenig über die Umwelt. Obwohl es gerade hier so wichtig wäre. In einem Land, das von Plastikmüll überquillt, in dem ganze Regenwälder abgefackelt werden und eine einmalige Unterwasserwelt durch destruktive Dynamit- und Cyanidfischerei zerstört wird. Ansprechende Kinderbücher sind sehr schwer zu finden auf den über 17.000 Inseln. Daher hat sich Petr in die Hauptstadt Jakarta aufgemacht und die schönsten Kinderbücher in indonesischer Sprache herausgesucht. Die Bücher handeln von Tieren, Pflanzen und der Unterwasserwelt. Sie sind bunt und modern mit einer guten Story aufgemacht.

Mittlerweile hat Petr schon 200 Bücher von verschiedenen Verlagen gefunden. Aus diesem Sortiment heraus baut er mit seinem Team an verschiedenen Orten sogenannte Eco-Büchereien auf. Eine Bücherei umfasst 50 Bücher und kostet 2.500.000 Rp, das sind derzeit rund 170 Euro. Dabei werden die Bücher immer passend nach dem jeweiligen Ort ausgewählt. Wenn eine Bücherei in einem Dorf am Meer eröffnet wird, gibt es mehr Bücher über den Ozean und die darin lebenden Unterwasserlebewesen. Liegt der Ort im Landesinneren, finden sich viele Storys über den Regenwald.

Die Eco-Büchereien werden hauptsächlich durch Spenden finanziert. Wenn ein Spender 170 Euro zur Verfügung stellt, wird sogar eine ganze Bücherei nach ihm benannt! Das Team freut sich aber auch über jeden kleinen Betrag.

Mit dem Aufbau einer jeden Eco-Bücherei wird ein Samen für nachhaltiges Denken gepflanzt. Natürlich liegt es dann an den Menschen selbst, diesen Gedanken in den Köpfen der Kids weiterzuverfolgen und im Alltag mehr auf Natur und Umwelt zu achten. Daher ist es besonders wichtig, eine verantwortliche Person in jeder einzelnen Eco Bücherei zu haben, mit der nach dem Aufbau der Bücherei Kontakt gehalten werden kann.
So können vor Ort auch Aktionen und Spiele geplant werden, um das Umweltbewusstsein zu steigern, wie beispielsweise einen Garten anzulegen und eigenes Essen anzubauen, damit die Bewohner lernen, ihre eigenen Bedürfnisse in Balance mit der Natur zu bringen.

Neben green-books.org veranstaltet Petr mit seinem Team auch viele andere tolle Aktionen wie "Beach Cleanings" oder "Mountain Cleanings" an verschiedenen Stränden und in den Bergen Balis. Frage Petr am besten selbst, wie du ihn und seine Projekte unterstützen kannst. Wenn alle zusammenhelfen, können wir gemeinsam viel bewegen.

KONTAKT: petr@green-books.org

19. MACHE BEACH HOPPING IN CANGGU

Rund um Canggu kannst du einen wunderbar langen Strandtag einlegen. Was du dazu brauchst? Einen Roller oder ein Fahrrad, ein Handtuch, Badezeug und Strandlaune. Starte am etwas ruhigeren Berawa Strand weiter südlich. Laufe nach rechts den Strand entlang und lass dich im Warung Tegal Lingah in einen der gemütlichen Sitzsäcke fallen. Bestelle eine Kokosnuss bei den Jungs Agung und Wayan und starte ganz sanft in den Tag.

Als nächstes geht es zum Strand von Batu Bolong, gleich hinter dem Old Man`s Restaurant. Die Surfspots rund um Batu Bolong sind beliebt bei Fortgeschrittenen und Anfängern. Daher kannst du von hier aus wunderbar die ersten Stehversuche beobachten oder dich selbst aufs Brett schwingen. Wenn du Hunger hast, snacke einen gegrillten Maiskolben an den Warungs und trinke einen Bali Kopi.

Starte einen gemütlichen Spaziergang zum Pererenan Beach am Echo Beach. Direkt am Pererenan Beach findest du das entzückende Guesthouse und Restaurant Pondok Nyoman Bagus. Ganz oben liegt ein Pool mit Blick aufs Meer. Als externer Besucher solltest du ein paar Rupiah für den Poolbesuch bezahlen. Gönne dir hier einen frischen Avocado-Salat.

Am Echo Beach kannst du den Tag wunderbar ausklingen lassen. Nimm in einem der chilligen Sitzsäcke der Sandbar Platz, bestelle ein kühles Bintang und versinke in dem unglaublich schönen Sonnenuntergang. Probiere anschließend leckeren gegrillten Fisch oder Gemüse an einem der BBQ-Restaurants am Strand.

SURFGUIDE TIPP
Facebook - Nengah Private Surfguiding

UNTERKUNFTTIPPS
June Guesthouse: Für 140.000 Rupiah pro Nacht erwarten dich sehr einfache Zimmer mit Doppelbett, AC, kaltem Wasser und schöner Grünanlage, zentral auf der Jalan Batu Bolong gelegen.

Pondok Nyoman Bagus: Diese Unterkunft am Pererenan Beach lockt für 500.000 Rp mit einem wundervollen Meerblick. Außerdem bietet sie einen Pool auf der Dachterrasse und ein tolles Restaurant.

Serenity Eco Guesthouse: Das Serenity Eco Guesthouse besitzt ein wundervollentspanntes Flair. Du kannst dich sehr günstig im sehr sauberen 6er-Dorm für 150.000 Rupiah pro Nacht einnisten. Heiße Dusche, Moskitonetz und Safe sind vorhanden. Du kannst zudem den Pool nutzen, dich durch das gesunde Angebot im Restaurant snacken, dich in den unendlich vielen Chillecken verlieren und das Yoga-Angebot vergünstigt ausprobieren.

20. ERLEBE DIE ULTIMATIVE BIKE EXPERIENCE AUF BALI

Biken? Dafür kommen wohl die wenigsten nach Bali. Dabei sollte ein solcher Trip auf jeden Fall auf deiner To-Do-Liste stehen, denn Biken in Bali kann einiges.

Ein Highlight ist die Kraterrand-Tour für fortgeschrittene Biker, organisiert von The Chillhouse in Canggu. Die Strecke führt zwei bis drei Stunden am Kraterrand rund um Gunung Batur entlang und anschließend ein bis zwei Stunden auf einer humanen Downhill-Strecke bis runter zum Nordufer.

Für die gemütlichen Biker unter uns gibt es eine fünfstündige Biketour durch Jatiluwihs Reisfeld-Szenerie. Fünf Stunden Biken klingt erstmal nach harter Arbeit. Aber schon nach wenigen Minuten verwandelt sich die harte Arbeit in puren Genuss. Es gibt wohl keine schönere Art, Balis Schönheit zu erkunden.

Von Jatiluwih geht es teils über kleine Dörfer, teils direkt entlang der Reisfelder Richtung Süden bis kurz vor Batuajkanginan. Zwischendurch finden sich kurze Abschnitte Uphill, bei denen du ordentlich in die Pedale treten musst. Aber meistens führt der Weg Downhill und du kannst das Rad entspannt laufen lassen. Auf dem Weg gewinnst du vor allem eines: Einen unverfälschten Blick auf Bali. Die meisten Menschen in den Dörfern entlang der Strecke leben von der Landwirtschaft. Der Reisanbau ist Knochenarbeit, die immer weniger von der jüngeren Generation gemacht werden möchte. So wirst du meistens Männer und Frauen zwischen 40 und 60 Jahren auf den Feldern sehen.

Auf dem Weg kannst du zudem Zitronengras, Yasmin, Kakao, Knoblauch und die Früchte Sirsak, Papaya und Durian finden, die in dieser Gegend angebaut werden. Während du durch die Dörfer heizt, triffst du auf Kids, die dir einen High Five geben wollen und Frauen, die dich allesamt freundlich grüßen und Lust auf einen kleinen Schwatz haben.

Das letzte Stück von Pakung bis Tanah Lot führt durch eine menschenleere Märchenlandschaft aus Reisfeldern, kleinen Bächen und sattem Grün, mitten durch die wunderschöne unberührte Landschaft Balis bis ans Meer. Wer möchte, kann sich an der Küste im Südwesten noch den Meerestempel Tanah Lot ansehen (Punkt 121).

Die Crew vom The Chillhouse Bike & Surf Retreat bietet für alle Biker-Level Touren quer durch Bali an. Die Preise liegen bei etwas mehr als 775.000 Rupiah für den ganzen Tag auf zwei Rädern.

Noch nicht genug vom Radfahren? 1 1/2 Stunden von Canggu entfernt befindet sich der einzige richtig fette Bike-Park in Südostasien. Alex und seine Crew vom The Chillhouse bauen seit einigen Monaten am Bike Park Bali. Es gibt verschiedene Strecken für die unterschiedlichen Level. Wenn du eine

Strecke gefahren bist, kannst du sofort im Shuttle einen neuen Ride starten. Der Park ist höher gelegen, daher ist das Klima schön angenehm für sportliche Aktivitäten.

21. UNTERNIMM EINEN ABENTEUERLICHEN SURFTRIP RUND UM BALI

Du willst verschiedene Surfspots auf Bali entdecken, ohne dich direkt in ein Surfcamp einbuchen zu müssen? Wenn du nicht auf eigene Faust losziehen möchtest, frag doch mal John von Triple Fin, ob er Zeit hat, eine abenteuerliche Surf-Tour mit dir zu unternehmen.

Die Jungs von Triple Fin organisieren Surf-Touren in ganz Bali. Sie bieten Surfstunden und Surfguiding für alle Level an - ob Anfänger, Fortgeschrittene oder sogar absolute Pros! John und seine Jungs kennen die Insel in- und auswendig und wissen genau, wann welcher Spot für welches Level am besten läuft. John ist Balinese und der Sohn eines balinesischen Hindu-Priesters. Er surft seit 15 Jahren auf den heimischen Wellen und ist ein ISA-zertifizierter Surflehrer. Du kannst dir also sicher sein, dass du in guten Händen bist. Die Jungs kommen aus Canggu, können dich aber überall abholen.

KONTAKT: *www.triplefinbali.com*
Facebookseite: Triple Fin - Surf & Tour Bali

22. VERANSTALTE EINE GESUNDE FRESSORGIE

Canggu ist ein Paradies für Food-Lover. Vom lokalen Nasi Campur bis hin zu organischen Superfood Smoothies gibt es hier einfach alles. Täglich sprießen neue Läden aus Canggus Boden.

Die rasante Entwicklung ist leider nicht nur positiv zu bewerten. Der charmante Ort verliert immer mehr an Reisfeldern. Dafür eröffnet ein hipper Laden nach dem anderen für die stetig wachsende Expat-Community in Canggu.

Wenn du einen Ort suchst, der dich kulinarisch befriedigen soll, dann bist du in Canggu genau richtig. Wo du deinen Bauch vollschlagen sollst? Die Auswahl ist groß, sehr groß, viel zu groß!

ITAHKA RESTAURANT: Der spanische Auswanderer Chris gründete 2014 das Restaurant Itahka. Hier gibt es leckere Smoothies mit nachhaltigem Bambus-Strohhalm und ein großes Angebot an westlichem und indonesischem Essen. Die Preise sind für Canggu in einem guten Mittelmaß angeordnet. Das Internet ist hier besonders schnell.

PONDOK NYOMAN BAGUS: Direkt am Pererenan Strand liegt das bezaubernde Gästehaus und Restaurant Pondok Nyoman Bagus. Der Avocado-Salat ist besonders schmackvoll. Ganz oben findest du einen Pool mit Blick aufs Meer. Externe Besucher sollten ein paar Rupiah für den Poolbesuch zahlen. Sonntags gibt es oftmals Live-Musik.

SAMADI BALI: Im Samadi Bali liegt ein kleines organisches Cafe mit Smoothies, Rawfood und leckerem Frühstück in einem entspannten Chillout Bereich. Wenn du ein wenig abseits vom Trubel entspannen willst, bist du hier genau richtig. Jeden Sonntag findet im Samadi Bali außerdem ein Organic Market statt (Punkt 23). Zudem gibt es ein großartiges Yoga-Angebot (Punkt 16).

ECHO BEACH BBQ: Am Echo Beach findest du eine kleine Reihe an BBQ-Restaurants direkt am Meer. Hier kannst du am Abend wunderbar frischen Schnapper und Meeresfrüchte-Sate snacken. Ein Salat-Buffet gibt es kostenlos dazu. Bierchen, Cocktails & Co. werden natürlich auch angeboten. In den verschiedenen BBQ-Restaurants ist es immer ordentlich voll gepackt - aber die Atmosphäre stimmt.

AVOCADO CAFE: Gemütliches kleines Cafe mit gutem WLAN. Das Avocade Cafe befindet sich direkt hinter der Kreuzung zum Echo Beach. Der Kokos-Chia-Pudding mit Ananas-Topping auf Kirschboden ist zum Niederknien!

SERENITY ECO GUESTHOUSE: Im Serenity Eco Guesthouse gibt es nicht nur ein großartiges Yoga-Angebot, sondern auch sehr schmackhafte gesunde Küche mit einer großen Auswahl an Rawfood. Probiere

unbedingt das vegane Sushi mit Miso-Suppe und einem Wheatgrass Shot. Hier sitzt es sich gemütlich und ruhig abseits vom Trubel.

WARUNG KAWAH / TROPICAL TREATS: Das Warung Kawah ist in deutscher Hand mit lokalem Flair. Im 2. Stock sitzt es sich wunderbar mit tollem Blick auf die Nachbarschaft. Leg dich auf die Couch, lausche der guten Musik und snacke den süßen Bananen-Erdbeer-Joghurt oder den quietschepinken Frozen-Dragonfruit-Joghurt.

WARUNG DANDELION: Das Dandelion ist ein etwas schickeres, aber sehr authentisches indonesisches Restaurant mit frei herumrennenden Häschen und einem sehr lieben Besitzer. Der erste Eindruck täuscht, denn die Preise sind für die Verhältnisse in Canggu sehr fair. Tagsüber kannst du hier wunderbar entspannen mit yogischer Musik im Hintergrund, einem schönen Gartenbereich und einer wundervollen Dekoration mit Liebe zum Detail. Am Abend findet hier oftmals ein unterhaltsames Programm statt, von balinesischen Tänzen bis hin zu traditioneller Live-Musik. An diesen Abenden ist eine Reservierung empfehlenswert.

SATE-STAND: Auf dem Weg nach Batu Bolong kommst du an einer Kreuzung vorbei, die du an einem großen JUNCTION Schild erkennst. Direkt gegenüber von der JUNCTION bietet ein balinesisches Ehepaar jeden Abend lokales Sate Babi (Schweine-Sate) für rund 20.000 Rupiah pro Portion an.

CANGGU
Hipster-Örtchen für Surf-Wannabes und Yogis

Setz dich auf die winzigen Hocker, halte ein bisschen Small-Talk mit den anderen Gästen und genieße die lokale kulinarische Erfahrung. Wenn du Glück hast, ist der Speckanteil an deinen Spießen eher gering. Balinesen stehen nämlich auf das Fett vom Schweinefleisch. Für uns eher gewöhnungsbedürftig.

CANTEEN: Cooler Laden mit leckeren Limonaden, frischen Salaten und netter Surf-Deko. Gesundes Essen ist ab 40.000 Rupiah zu haben. Die Canteen gibt es mittlerweile zwei Mal in Canggu.

BETELNUT CAFE: Absolut hippes Lokal mit einem bombastischen Angebot an gesunden Frühstücks-Bowls. Probiere unbedingt die Naga Bomb, den Quinoa Porridge oder die Tropical Bowl. Diese Frühstücksvarianten gibt es ab 55.000 Rupiah. Schöner sitzt es sich oben mit Blick auf die Reisfelder. Ein großer Tisch befindet sich im oberen Bereich des Cafes. Hier kommst du wunderbar mit anderen Travellern ins Gespräch. In der Hochsaison ist der Laden voll gepackt. Abends brauchst du eine Tischreservierung.

CRATE CAFE: Das legendäre Crate Cafe ist DIE Hipster-Absteige in Canggu. Das Personal ist super cool. Hier heißt es sehen und gesehen werden. Frühstücks-Bowls gibt es ab 40.000 Rupiah. Probiere unbedingt die Hipstar Bowl. Auch der Flat White ist ziemlich yammi. Wer in Canggu ist, MUSS mindestens einmal im Crate Cafe frühstücken gehen.

WARUNG BUMI: Leckeres indonesisches Restaurant. Die Gerichte sind etwas auf den westlichen Magen angepasst, aber das lokale Flair ist noch vorhanden. Eine große Platte Nasi Campur kostet rund 30.000 Rupiah. Fleischgerichte sind um einiges teurer als die vegetarischen Speisen. Ein perfekter Ort fürs schnelle Mittagessen.

THE CHILLHOUSE: Im Chillhouse wartet sehr gesundes Essen auf dich. Du solltest unbedingt den Veggie Feta Wrap mit der leckeren Lemon Sauce probieren. Wenn du hier isst, kannst du die ganze Anlage nutzen, im Pool schwimmen oder in der kleinen gemütlichen Chillecke am Pool gemütlich lesen. Außerdem gibt es einen großartigen Co-Working-Space. Wenn du mal einen Tag abschalten willst und etwas in Luxus abtauchen möchtest, bist du hier genau richtig.

WARUNG DIAN: Das Warung Dian befindet sich DIREKT am Batu Bolong Strand. Der kleine günstige Bruder vom Old Man's Restaurant ist auf alle Fälle eine Möglichkeit, um den Abend am Meer ausklingen zu lassen. Probiere den Vegetable Kebab oder die Suppe Soto Ayam. Die Preise sind für die Lage absolut ok.

WARUNG VARUNA: Perfekter Ort für ein günstiges und (fast) lokales Mittagessen. Hier findest du die indonesische Buffet-Variante (Nasi Campur) mit verschiedenen Gemüse- und Fleischkomponenten zu sehr fairen Preisen, von sehr liebem Personal serviert.

BATU BOLONG STRAND WARUNGS: Die kleinen Warungs direkt am Batu Bolong Strand versorgen Surfer und Sonnenanbeter den ganzen Tag mit frischen Kokosnüssen und Bali Kopi. Von hier aus kannst du wunderbar den Surfern zuschauen, wie sie zum Line-Up raus paddeln.

WARUNG TEGAL LINGAH: Mitte 2015 eröffneten die beiden Jungs Agung und Wayang den Warung Tegal Lingah am Berawa Strand, etwas abseits von den vielen anderen Beach Warungs. Hier kannst du wunderbar Kokosnüsse schlürfen oder ein Bintang nach dem Surfen trinken. Wenn du Glück hast, haben die Jungs gerade frischen Fisch aufgetrieben und es gibt leckeres BBQ.

LA LAGUNA: Diese riesige Oase ist ein Mix aus "Fluch der Karibik" und "Alice im Wunderland". Mit sehr viel Liebe zum Detail wurde hier ein ganz besonderer Ort geschaffen. Die Preise sind etwas höher, dafür hast du einen wunderschönen Blick auf die Lagune von Berawa. Komm zum Sonnenuntergang zur La Laguna und genieße die märchenhafte Atmosphäre.

BUNGALOW LIVING CAFE: Das Bungalow Living Cafe ist unglaublich gemütlich, ob draußen oder drinnen. In dem kleinen süßen Lokal gibt es eine große Auswahl an Superfood Smoothies mit Spirulina & Co. Die Smoothies kosten rund 45.000 Rupiah. Gesundes Essen wird natürlich auch angeboten.

WARUNG HEBOH: Im Warung Heboh gibt es das indonesische Buffet (Nasi Campur) zu humanen Preisen. Das gleiche Restaurant befindet sich auch in Uluwatu.

MILK & MADU: Relativ teures Lokal in der Nähe des Berawa Beach. Sonntags haben viele Cafes in der Gegend geschlossen, das MILK & MADU ist aber stets geöffnet. Das große, offene und freundliche Restaurant verfügt über gutes Internet, westliches und indonesisches Essen sowie eine große Auswahl an Superfood Smoothies und Säften für rund 60.000 Rupiah.

GREEN GINGER: Eine süße Nudelküche mit einem schön eingerichteten "Hinterhof". Hier bekommst du gesunde Gerichte mit vietnamesischem, thailändischem und indonesischem Einfluss. Probiere den Larb Salad, den Green Mango Salad oder das Salt and Pepper Tofu Tempeh.

SATU SATU CAFE: Ein kleines gemütliches Cafe mit gutem Wifi, humanen Preisen, frischen Säften und leckerem Kaffee. Hier ist es nicht so voll wie in den vielen anderen hippen Cafes in Canggu. Die Angestellten sind super nett.

ON WARUNG: Sehr günstiges Restaurant mit großem Angebot an Gerichten. Von Pizza bis Nasi Goreng ist alles dabei. Zum Abschluss solltest du unbedingt einen Tee trinken. Die Tees im On Warung sind legendär!

YESS WARUNG: Wunderschönes indonesisches Restaurant mit einem süßen Garten. Hier kann man dem Trubel Canggus entfliehen, leckeres Nasi Campur genießen und Fruchtsäfte trinken. Die Preise sind für indonesische Verhältnisse etwas teuer - aber für die Atmosphäre wiederum angemessen.

23. SCHLENDERE ÜBER DIE HIPSTER-MÄRKTE BALIS

Rund um Canggu findest du immer häufiger „Organic Markets" und Second-Hand-Märkte - größtenteils von Expats initiiert.
Jeden Sonntag gibt es den Sunday Farmers Market am Samadi Bali in der Nähe vom Echo Beach in Canggu. Hier findest du neben organisch angebautem Gemüse und Obst auch selbstgemachten Schmuck, nachhaltiges Surfboard Wax von Soul Surf, organische Kosmetik und die leckeren Getränke von Kombucha. Der Markt ist klein, aber wird mit ganz viel Liebe errichtet. Unbedingt mal vorbei schauen!

Einmal im Monat verwandelt sich das beliebte Restaurant Old Man's am Batu Bolong ebenfalls in einen lebendigen Markt, der an einen hippen Berliner Flohmarkt erinnert. Hier gibt es Second-Hand-Klamotten, stylische Keramik-Accessoires, Vintage-Kleider und anderen Krimskrams. Und wo shoppt es sich besser als direkt am Meer?

Noch nicht genug Märkte in Canggu erlebt? Dann schau mal im Deus Ex Machina vorbei, dort findet ab 8 Uhr morgens der Deus Farmers Market statt. Hier findest du ein ähnliches Angebot wie bei Samadi Bali.

24. GÖNN DIR EINE AUSGIEBIGE MASSAGE IN CANGGU

Die Gegend rund um Canggu lockt Reisende mit surfbaren Wellen, einem riesigen "Yogi-Angebot", gesundem Essen und guten Massagen. Letztere findest du an jeder Ecke für die unterschiedlichsten Geldbeutel.

THERAPY ist eines der bekanntesten Spas in Canggu. Hier wirst du für 250.000 Rupiah mit Zitronengras-Getränken und ausgiebigen Massagen vom Feinsten verwöhnt. Du findest das Spa direkt am Echo Beach auf der Jalan Pantai Batu Mejan. Termine kannst du auch telefonisch ausmachen.

Wenn du lieber etwas fürs schmale Budget suchst, dann schau mal im **BLUE SALON** auf der Jalan Raya Batu Bolong 40 vorbei. Hier gibt es eine einstündige balinesische Massage bereits ab 60.000 Rupiah.

Auch die Massage im **THE CHILLHOUSE - BALI SURF AND BIKE RETREAT** ist sehr empfehlenswert und im mittleren Preissegment angesiedelt.

KONTAKT
Therapy, +62-82247242233
Blue Salon, +62 812-3966-827
The Chillhouse, +62 361 8445463

DENPASAR KUTA UND SEMINYAK

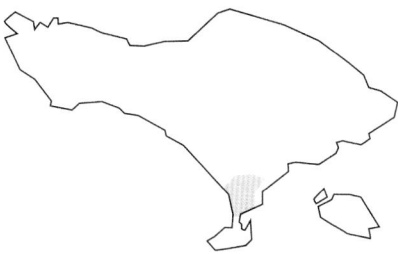

Denpasar ist die Hauptstadt von Bali, die Stadt Kuta ist die Touristenhochburg der Insel. Der kilometerlange Sandstrand, der sich von Kuta über Legian bis nach Seminyak zieht, lockt seit Jahrzehnten unzählig viele Pauschaltouristen, Surfer, Frischvermählte und australische Partytouristen an. Viele Indonesier wandern von den umliegenden Inseln nach Bali aus, in der Hoffnung, in Kuta am Tourismus mitverdienen zu können. Kuta hat sich daher in den letzten Jahrzehnten zu einem westlichen Sumpf aus Touri-Shops, Hotels, Boutiquen und Clubs entwickelt.

Viele Reisende verfluchen diese Gegend. Doch auch hier kannst du schöne Dinge entdecken - von genialen Sunset-Spots am Strand über köstliche Restaurants mit inspirierendem Ambiente und legendären Partys bis hin zu erstklassigen Surf-Spots.
Nach den Terroranschlägen in 2002 und 2005 brach der Tourismus auf Bali ziemlich ein. Bis heute hat sich die Insel nicht vollständig von den tragischen Ereignissen erholen können.

25. ERLEBE DAS TREIBEN AM KUTA BEACH

Am Kuta Beach in Bali nahm alles seinen Anfang. Ende der 1930er Jahre eröffnete der Kalifornier Robert Koke zusammen mit seiner Frau das erste "Bali Hotel" in Kuta. In den 1960er und 1970er Jahren entdeckten immer mehr Surfer die Wellen am hiesigen Strand. Und mit ihnen kamen natürlich auch nach und nach die Touristen.

Zu jener Zeit wurde der Kuta Strand lediglich von Fischern besucht. Heute ist Kuta kaum wiederzuerkennen mit den unzähligen Souvenirständen, Clubs, Bars und vollgestopften Straßen. Bilder von den 70ern lassen manch einen ziemlich wehmütig werden. In der Facebook Gruppe "Lost Bali" posten Mitglieder regelmäßig Fotos aus der "guten alten Zeit" auf Bali. Die Gruppe solltest du dir vor deiner Reise unbedingt anschauen.

Ja, heutzutage ist Kuta irgendwie ätzend, laut und anstrengend. Aber auch in der touristischen Hochburg Balis kannst du den einen oder anderen schönen Moment erleben. Du solltest vor allem dem Kuta Strand eine Chance geben. Denn neben dem Surfen kannst du an dem weitläufigsten Strand der Insel bei einem genialen Sonnenuntergang ein paar kühle Bintang-Biere genießen und den Beach Boys beim Gitarren klimpern und Scherzen zuhören.

Es gibt einige indonesische Strandlieder, die das Lebensgefühl der „Kuta Cowboys" ziemlich gut widerspiegeln. Druck dir vor deiner Reise ein paar dieser Lieder aus. Dann kannst du vor Ort direkt mitsingen.

UNSERE TOP 3 BEACH SONGS

1. Anak Pantai von Imanez
(dt.: Kinder des Strandes)
2. Lagu Santai von Steven and the Coconut Treez
(dt.: Das Chill Lied)
3. Welcome to my Paradise von Steven and the Coconut Treez
(dt.: Willkommen in meinem Paradies)

 Lesetipp: *Kuta's Cowboys*

Auch tagsüber ist es unterhaltsam, das bunte Treiben bei einer gekühlten Kokosnuss zu beobachten. Denn der Strand ist die Schule der Beach Boys. Hier lernen die Cowboys den ganzen Tag voneinander - ob die besten Anmachsprüche oder die schönsten Liebeslieder für die Gitarre. Und mit ihrer locker-lustigen Art, kann man es ihnen noch nicht mal übelnehmen.

Der Strand ist sehr weitläufig und eignet sich demnach auch fürs Joggen am Morgen oder für einen Spaziergang bis nach Legian oder Seminyak am späten Nachmittag.

UNTERKUNFTTIPPS

 Lesetipp: *Budget Hotels rund um Kuta*

26. LERNE SURFEN AM KUTA BEACH

Surfen macht glücklich! Besonders in Bali. Das türkisblaue Meer, die warmen Sonnenstrahlen und die perfekten Wellen machen Bali zu dem Surferparadies überhaupt. Hier gibt es 24 Stunden am Tag an sieben Tagen in der Woche Wellen für jedes Level.
Wenn du Surfen lernen möchtest, dann bist du am weitläufigen Strand von Kuta bis Seminyak genau richtig. Täglich siehst du hier hunderte von Surfanfängern, die versuchen, ihre ersten Wellen zu nehmen.

Am ganzen Küstenstreifen entlang gibt es verschiedene Surf Spots - von Gado Gado, über Padma bis hin zu Halfways, Double 66 und KuDeTa. Die Surfspots sind oftmals nach den nahegelegenen Hotels benannt. An vielen Spots kannst du beim Weißwasser-Surfen im Wasser stehen und hast unter dir nur sandigen Meeresboden, an dem man sich kaum verletzen kann. Perfekt für Anfänger! Wenn die Wellen zu hoch sind, solltest du den Surfern lieber vom Strand aus zuschauen.

Ein Surfbrett bekommst du sehr günstig von den Locals am Strand und es findet sich auch immer jemand, der dir Surfunterricht gibt. Aber nicht jeder Guide ist ein guter Lehrer! Wenn du wirklich Surfen lernen möchtest, dann frag am besten bei einer der Surfschulen nach.
Gute Adressen sind die Odysseys Surf School, die Rip Curl School of Surf und die Pro Surf School am Kuta Beach. Edo von Rockman Surf Bali bietet dir ebenfalls gute und günstige Lessons am Strand (*www.rockmansurfbali.com*).

Nachdem du die ersten Stehversuche gemeistert hast, kannst du einen Surfguide fragen, ob er dich im Wasser begleiten kann. Dein Surfguide sollte dir zeigen, wo du am besten auf die Wellen wartest, welche Wellen sich gut für dich eignen und dir eventuell den einen oder anderen Stupser geben. Und er sollte immer ein Auge auf dich haben. Wir empfehlen den Surfguide Marcel. Du erreichst ihn unter +62-81397742470, er ist aber oft ausgebucht. Oder gehe mit den Jungs von Bali Green Surf raus in die Wellen (*www.baligreensurf.net*). Ein Teil ihrer Einnahmen gehen an ein Waisenkind-Projekt.

FILMTIPP
„Luft Holen" von Mathias Mitzscherling, der erste deutschsprachige Surf-Spielfilm

 Lesetipp: *Surfen lernen in Bali*

27. FEIERE DAS NACHTLEBEN IN SEMINYAK UND KUTA

Kuta ist der Party-Hotspot von Bali. Hier starten die meisten Backpacker ihre Reise. Deswegen ist es in Kuta die meiste Zeit relativ voll, vor allem mit Australiern, die ihren Schulabschluss gebührend feiern und sich dabei jegliche Anstandsregel "wegsaufen"! Nicht ohne Grund wird Kuta das "Mallorca der Australier" genannt. Es gibt sogar eine eigene Reality-Show im australischen TV, in der Australier bei ihrer party-intensiven Zeit auf Bali gefilmt werden.

Nichtsdestotrotz solltest du mindestens einmal das Nachtleben in Kuta, Seminyak oder Legian miterleben. Die meisten Clubs und Bars befinden sich in der Jalan Legian, in der Nähe vom „Ground Zero", dem Denkmal für das Bombenattentat 2002. Beliebte Läden in Kuta sind beispielsweise der berühmte Club SkyGarden, der Hip-Hop Laden Eikon und die Apache Reggae Bar.

Seminyak ist bekannt für die vielen exklusiven Restaurants, Boutiquen und Strandclubs. Favoriten in der Gegend sind die Clubs Jenja (in Legian), Mirror, Mint, Koh, La Favela und der Potato Head Beach Club. Wenn du es lieber günstig magst, schau mal bei Alley Cats vorbei. Der Laden eignet sich perfekt zum Vortrinken! Natürlich kannst du auch immer in den 24/7-Supermärkten ein Bierchen kaufen.

28. SCHLENDERE DURCH DIE BOUTIQUEN UND GESCHÄFTE BALIS

Du möchtest noch ein Souvenir kaufen, oder hast einfach Lust, der Mittagshitze in einer klimatisierten Mall zu entkommen? Möglichkeiten gibt's genug.

In Seminyak, am Seminyak Square und in der Petitenget Straße gibt es unzählige kleine Boutiquen mit teilweise sehr schönen, aber auch relativ teuren Kleidungsstücken. Wenn du in Bummellaune bist, schlendere einfach gemütlich durch diese Straßen.

Bekannte Klamottenmarken findest du in der Beachwalk Mall im Zentrum Kutas. In dem modernen Einkaufszentrum haben sich unzählige Klamottengeschäfte sowie Restaurants und ein Club angesiedelt. Ebenfalls in Kuta kannst du in der Bali Galeria und in der Discovery Shopping Mall einkaufen.

Die kleinen Gassen Poppies I und Poppies II in Kuta sind voll gepackt mit kleinen Geschäften, Surfshops, Bars und Homestays. Die meisten Läden unterscheiden sich in ihrem Sortiment kaum, aber ab und an wird man doch mit süßen Angeboten überrascht. Aber stell dich auf eine ordentliche Portion Aufmerksamkeit seitens der Verkäufer ein. Diese Gegend ist fast komplett vom Tourismus abhängig. Demnach solltest du als Reisender die Ausdauer der Verkäufer respektieren!

Wenn du auf Stoffe stehst, solltest du mal bei Alta Moda Fabrics vorbeischauen und in Seide, Wolle & Co. stöbern. Hast du deine Lieblingsstoffe gefunden, kannst du einen lokalen Schneider vor Ort aufsuchen und dir ein individuelles Kleidungsstück schneidern lassen. Was das sein wird? Das liegt ganz bei dir!

Auf dem regelmäßig stattfindenden Biasa+ Art Space Market in Seminyak geht es vor allem um Kunst! Der Markt findet im Hinterhof der Gallerie Biasa zwei Mal im Monat, jeweils samstags, statt. Neben ganz viel Kunst kannst du leckeren Kaffee schlürfen, Sushi essen oder frisches (und natürlich lokales) Gemüse einkaufen. Ein großartiger Ort, um inspirierende Menschen kennen zu lernen. Also, Happy Shopping!

29. ENTSPANNE DICH BEIM SONNENUNTERGANG IN SEMINYAK

Was gibt es Schöneres, als sich nach einem langen anstrengenden Bali-Tag am Strand zu entspannen? Im gemütlichen Sitzsack, mit Livemusik im Hintergrund, den Füßen im Sand und einem spektakulären Sonnenuntergang vor der Nase klingt der Tag wunderbar aus. Natürlich dürfen ein kaltes Bintang oder ein frischer Fruchtsaft nicht fehlen.

In Seminyak und Umgebung werden jeden Abend am Strand die Liegestühle gegen kunterbunte Sitzsäcke und Lampignons getauscht. Es gibt sehr viele Bars, weshalb die Wahl manchmal ziemlich schwer fällt. Aber egal, für welche du dich entscheidest, das Feeling bleibt gleich. Am besten setzt du dich direkt in die erste Reihe, um den perfekten Blick aufs Meer zu ergattern.
Die wohl bekannteste Bar der Gegend ist die La Plancha Beachbar. Aber rechts und links von La Plancha gibt es vergleichbare Läden wie die Capil Beach Bar, wahlweise mit Livemusik oder ohne. Wenn du am Strand Richtung Canggu entlang schlenderst, werden die Lokale immer exklusiver. Dort findest du zum Beispiel die Lounge KuDeTa. Noch weiter nördlich kommst du irgendwann zum Batu Belig Beach und zur beliebten Strandbar 707 Beachberm.

Falls du Lust auf einen Beach Club hast, ist der Potato Head Beach Club vielleicht genau das Richtige. Hier kannst du den Sonnenuntergang entspannt aus dem Infinity Pool beobachten. Achtung: Der Club ist oftmals sehr voll!

30. LAUSCHE DEM VOGELGEZWITSCHER IM PASAR BURUNG

Du hast mit Sicherheit schon einige Märkte auf Bali besucht. Aber wie wäre es mal mit einem völlig anderen Markt, wie zum Besspiel dem Pasar Burung, einem typisch-indonesischen Vogelmarkt? Hier siehst du unzählige verschiedene Vogelarten, aber auch viele andere Tiere - von Affen, über Meerschweinchen bis hin zu Hasen.

Indonesier lieben Vögel. Wer was auf sich hält, besitzt mindestens einen Vogel. Denn Vögel sind Statussymbol, Hobby und Sammlerobjekte - vor allem bei der männlichen Bevölkerung Balis. Dabei ist der wunderschöne Balistar einer der wertvollsten Vögel auf der Insel. Für den Besitz benötigt man ein Zertifikat, da diese Wahrzeichen Balis fast ausgestorben sind. Viele Indonesier gehen sogar zu Sing-Wettbewerben mit ihren Liebsten. Hier können sie hohe Summen gewinnen. Auf dem Pasar Burung tauscht man sich bei einer Nelkenzigarette über die neusten "Vogelerkenntnisse" und das schönste Zwitschern aus. Ein echtes Männer-Ding eben! Den Pasar Burung findest du in Denpasar in der Jalan Veteran, in der Nähe vom Museum Bali. Aber Achtung, der Markt ist nichts für schwache Nerven, da die Tiere oftmals ziemlich eingepfercht in ihren kleinen Käfigen ihr Dasein fristen!

31. TAUCHE EIN IN DIE CHAOTISCHE HAUPTSTADT

Denpasar ist nicht nur Hauptstadt und Verwaltungszentrum der Insel, sondern hat auch einiges für Reisende zu bieten. Wie für eine Hauptstadt typisch findest du hier Einkaufszentren, Ministerien, Schulen, Universitäten und vieles mehr. Du willst den größten Markt Balis sehen? Dann ab zum Pasar Badung in der Jalan Sulawesi. Verpassen kannst du ihn nicht, denn dieser Markt ist Tag und Nacht geöffnet. In zwei gegenüberliegenden Gebäuden mit jeweils vier Stockwerken gibt es alles, absolut alles. Es ist ein Abenteuer für den Geruchssinn, da ganze Stockwerke mit Gewürzen, Früchten, Fisch oder Gemüse auf den Besucher warten. Auf dem Markt wimmelt es von Menschen, die ihren täglichen Einkauf machen, und völlig unbeeindruckt von den Aromen ihre Einkaufslisten abarbeiten.

Oder suchst du eher nach einem kulturellen Erlebnis? Dann informiere dich über das jährlich stattfindende Bali Arts Festival in Denpasar. Einen Monat lang zeigen Künstler aus der ganzen Welt, was sie drauf haben. Hier geht es vor allem um Tanz und Musik. Jedes Jahr wechselt der Schwerpunkt des Festivals. Zum Auftakt des künstlerischen Monats findet jeweils eine Parade mit dem indonesischen Präsidenten statt.

Außerdem gibt es in der Stadt zahlreiche Museen, wie zum Beispiel das Museum Negeri Propinsi Bali. Der Platz Taman Puputan ist eine der beliebteren Sehenswürdigkeiten in Denpasar und erinnert an den Aufstand der balinesischen Herrscher gegen die Niederländer im Jahr 1906. Der rituelle Selbstmord der Herrscher beendete die Revolte. Lies dir die Story dazu durch und besuche den Platz, um kurz in die Vergangenheit der Insel einzutauchen.

Die Hindutempel Pura Maospahit und Pura Pemecutan sind ebenfalls einen Besuch wert, wenn du noch nicht so viele Tempel auf deiner Reise gesehen hast. In Denpasar findest du zudem eine große Auswahl authentischer balinesischer Küche. Denn in der Hauptstadt selbst ist der touristische Einfluss noch relativ gering. Gute Adressen sind Warung Mina, Sate Plecing Arjuna, Warung Léko oder Warung Gula Bali "The Joglo".

Nimm deine Kamera mit und fotografiere das typische Leben in der Hauptstadt - vom Roller-Durcheinander, über die Foodcourts bis hin zu hinduistischen Tempeln und den Opfergaben.

32. SCHAUE DIR SURFFILME BEIM OMBAK FILM FESTIVAL AN

Ombak Bali ist eine wunderbare Plattform für Surffilm-Macher. Das Ombak Bali Team beschäftigt sich jedoch nicht nur mit dem

Surfen, sondern auch mit sozialen- und umweltpolitischen Fragestellungen, die sich in den großartigen Filmen widerspiegeln. Das Wort "Ombak" kommt aus dem indonesischen und bedeutet "Welle". 2015 fand das 8. Ombak Film Festival statt. Hierfür wurden haufenweise gemütliche Sitzsäcke am Strand von Seminyak platziert, eine große Leinwand vor dem Meer aufgestellt und mehrere Popcorn-Maschinen organisiert, die für die nötige Kinoatmosphäre sorgten. Drei Tage lang kannst du dich von den unterschiedlichsten Filmemachern inspirieren lassen - von Kurzfilmen bis hin zu einstündigen Dokus ist alles dabei. Danach wirst du mit 100%iger Wahrscheinlichkeit surfen lernen wollen. Und das Beste: Das Festival ist komplett kostenlos!

Du willst dir auch Surffilme am Strand bei Wellenrauschen und einem kühlen Bintang anschauen? Dann informiere dich auf der Website von Ombak Bali, wann das nächste Festival stattfindet: *www.ombakbali.com.*

33. SCHLÜRFE LECKEREN KAFFEE IN SEMINYAK UND BATU BELIG

Es gibt wohl nirgends auf Bali eine so hohe Dichte an süßen Cafe, wie rund um Seminyak. Ob teurer oder günstiger Kaffee, ob hippes oder alternatives Publikum, ob klassisch oder kreativ eingerichtet - hier findest du alles was Coffee-Lover suchen.

UNSERE TOP 16 CAFES IN SEMINYAK
1. Grain Espresso Seminyak 2. Revolver Expresso 3. The Coffee Library 4. The Fat Turtle 5. Biku 6. Shelter 7. The dusty Cafe 8. Anomali Coffee 9. Earth Cafe 10. Balique 11. Livingstone Cafe & Bakery 12. Sisterfields 13. Petitenget 14. Watercress Cafe 15. Sea Circus 16. The Moose Espresso Bar

Frage einfach in deinem Hostel oder Hotel nach dem Weg und schlendere durch die City.

34. LASS DIR EIN BALI-TATTOO STECHEN

Du hast schon öfter überlegt, deinen Körper mit einem Tattoo zu verzieren? Dann ist Bali der perfekte Ort, um endlich den ersten Schritt zu gehen.
Die angesehenen Tattoo-Studios halten internationale Hygiene-Standards ein. Ob traditionelle indonesische Tattoos oder westliche Motive - die Tattookünstler können dir alles auf deine Haut zaubern. Aber marschiere nicht in jedes x-beliebige Studio. Denn es gibt noch immer viele graue Schafe auf der Insel.

Schau am besten bei David von Mad Ink in Kuta vorbei. Er hat einen sehr guten Ruf in Balis Tattoo-Szene. Die Tattoo-Studios Ubud Nesia Studio, Big Brothers Tattoo Studio, Tattoo Hut Bali, Altar Tattoo und Suku Suku Tatau sind auch ziemlich gut besucht.

DENPASAR, KUTA UND SEMINYAK
Touristenhochburg, Partyhotspot und Hauptstadtflair

Für die mutigen Sparfüchse unter uns gibt es jeden Dienstag beim "Taco's and Tatt' Tuesday" im "Deus Ex Machina" Restaurant in Canggu kostenlose Tattoos bei einer Bestellung von Tacos und Tequila. Verrückt, aber wahr! Du hast nur 20 bis 30 Minuten Zeit für dein Tattoo. Das Motiv solltest du selbst mitbringen und bei dem Design das Zeitlimit nicht außer Acht lassen. Wenn du dich dazu entschieden hast, ein Tattoo auf Bali stechen zu lassen, solltest du es möglichst am Ende deines Bali Aufenthalts machen, denn dann ist erstmal Bade-, Tauch- und Surfverbot angesagt!

35. BESUCHE EIN SURFCAMP

Du würdest gerne Surfen lernen? Dann ist ein Surfcamp vielleicht die richtige Wahl für dich! Die Vorteile liegen auf der Hand: Du gehst meistens zweimal am Tag aufs Wasser. Gut ausgebildete Surfguides bringen dich an den Spot, der am besten für dein Level ist. Du bekommst nach jeder Session Feedback und kannst an deiner Technik feilen. Dabei bist du umgeben von Menschen, die deine Leidenschaft teilen. Abends wird gemeinsam gegessen, ein kühles Bintang gezischt und die neuesten Surfabenteuer ausgestauscht. Was will man mehr?

Woran erkennst du aber ein gutes Surfcamp? Kläre auf jeden Fall vorher ab, wie oft du surfen gehst und was im Preis inklusive ist. Wenn du bereits surfen kannst, frage nach, ob auch täglich Trips zu fortgeschrittenen Spots stattfinden. Surfboard, Leash und ein Surfshirt sollten in jedem Camp inklusive sein. Frage auch nach, welche Ausbildung die Guides haben und ob regelmäßig Feedback-Sessions stattfinden!
Die KIMA Surfcamps in Seminyak, Canggu und Berawa sind sehr gut organisiert und die Guides nehmen auch mal eine Kamera mit, um ihre Schützlinge zu filmen. Einmal die Woche werden die Videoaufnahmen gemeinsam analysiert und es gibt konstruktives Feedback. Wenn du nicht nur im Surfcamp sitzen, sondern lieber die Insel erkunden willst, dann schaue vorher, wo das Camp liegt. Manche Camps sind sehr abgelegen - mit einem Roller kannst du aber trotzdem flexibel auf Entdeckungsreise gehen. Gesundes Essen, kleine Gruppen und Tagestrips zu etwas abgelegeneren Surfspots machen ebenfalls ein gutes Camp aus. Schön ist es, wenn im Camp nachhaltig gedacht wird und viele Wasserspender für die Gäste aufgestellt werden. So kannst du deine Flasche auffüllen, statt Plastikflaschen zu kaufen.

Tipp: Magst du es lieber ruhiger und individueller, dann frag in einem Surfcamp nach, ob du lediglich mit zu den Surf-Sessions fahren darfst, ohne im Camp zu wohnen.

SURFCAMP TIPP
www.kimasurf.com

36. LASS DICH IM BESTEN SPA VON KUTA VERWÖHNEN

In Seminyak und Kuta reiht sich ein Spa neben den anderen. Eine gute Adresse ist der Bening Spa, er bietet das beste Preis-Leistungs-Verhältnis. Der ReBorn Spa ist auch sehr empfehlenswert. Hier gibt es sogar eine Happy Hour. Wenn du einen luxuriösen Verwöhn-Tag einlegen möchtest, dann solltest du im Prana Spa in Seminyak vorbeischauen. Die ayurvedischen Behandlungen sind im Prana Spa sehr beliebt.

KONTAKT PRANA SPA
Jalan Kunti, Seminyak, +62 -361-730 840
KONTAKT BENING SPA
Jalan Batubelig, Kuta, +62-916-189635

KONTAKT REBORN SPA
Jalan Sunset Boulevard, Kuta,
+62-361766744

37. GEH BUMMELN AUF DEM SUKAWATI ART MARKET

Du bist auf der Suche nach Erinnerungs-stücken oder Mitbringseln für deine Freun-de? Dann ist ein Besuch auf dem Art Market in Sukawati genau das Richtige. Dort findest du alles, was dein Shoppingherz sich vor-stellen kann - von wertvollem Kunsthand-werk bis zu selbstgemachten Taschen und Sarongs. Oder wie wäre es mit typischen balinesischen Masken, traditionellen Dra-chen, Batik-Produkten oder sogar Stein-skulpturen? Hier wird es dir schwerfallen, dich zu entscheiden. Der Sukawati Art Mar-ket ist ca. zwanzig Kilometer von Denpasar entfernt. Er ist täglich von 8 bis 19 Uhr ge-öffnet.Tipp: Du solltest bei den angebote-nen Preisen stark handeln. Häufig liegt der eigentliche Preis bei nur einem Drittel des erstgenannten Gebotes. Also gib nicht auf und nutze die Gelegenheit, deine Verhand-lungs-Skills zu erweitern.

38. SCHLAGE DIR DEN BAUCH VOLL

Nach all dem Surfen, Feiern und Shoppen in Kuta wirst du vermutlich ziemlich hungrig sein. Das Angebot an Restaurants rund um den Ort ist verdammt groß. Da kann man als

Reisender schnell den Überblick verlieren. In der touristischen Hochburg Balis findest du alles - vom italienischen Restaurant, über die japanische Nudelbar bis hin zum tradi-tionellen balinesischen Warung. Die Res-taurants in Seminyak sind im Durchschnitt immer etwas teurer als in Kuta. Um dir die Entscheidung etwas zu erleichtern, haben wir dir unsere 13 liebsten Restaurants in Kuta und Seminyak aufgelistet.

TOP 13 RESTAURANTS IN KUTA & SEMINYAK
1. Kerobokan Warung Sobat II (Beliebter Warung mit lokaler, mittelpreisiger Küche)
2. Warung Bambu (Lokaler Warung)
3. Wacko Burger (Probiere die Spicy Chicken Wings)
4. Swich Sandwich 66 (Laden mit gesunden Sandwiches, probiere den Tempe Wrap)
5. Shelter (Leckere Frühstücks-Bowl)
6. Bale Bali (Lokale Küche, probiere das Nasi Cap Cay hier)
7. Fat Gajah (Asiatische Küche, vor allem die Dumplings sind zum Niederknien)
8. Made's Restaurant (Lokale Küche, teste das Rujak Pinang.)
9. La Baracca (Guter Italiener in der Jalan Petitenget)
10. Motel Mexicola (Leckere Tacos)
11. Warung Ocha (Frischer Fisch und indi-sches Curry)
12. Warung Murah (Bestes Buffet in ganz Seminyak)
13. Nakula Markt (Nachtmarkt in der Jalan Nakula, probiere das Martabak)

SANUR

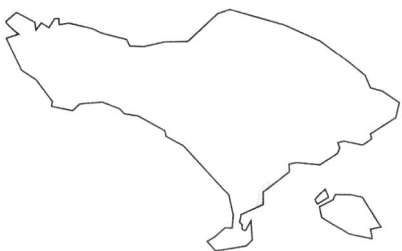

Sanur liegt südöstlich von Denpasar. Entlang des kilometerlangen Küstenabschnitts reihen sich mittel- bis hochpreisige Hotels an exquisite Fischrestaurants, Wassersport-Shops und Tauchschulen. In Sanur ist bereits seit einigen Jahren der Pauschaltourismus angekommen. Die Gegend ist vor allem bei Familien und Paaren beliebt. Aber auch balinesische Familien verbringen am Wochenende gerne ihre Zeit am Strand, um im flachen Wasser zu planschen. Taucher kommen nach Sanur, um die Spots rund um Nusa Penida zu entdecken, und Surfer, um im Hyatt Riff nach Wellen zu suchen.

Für Aktive hat Sanur demnach einiges zu bieten: Tauchen, Surfen, Stand-Up-Paddeling, Yoga oder Jetski- und Kayakfahren. Naschkatzen können sich den ganzen Tag durch das diverse Restaurant-Angebot Sanurs probieren, wobei der Nachtmarkt nicht ausgelassen werden darf. Am Abend treten regelmäßig Live-Bands in den vielen Bars des Ortes auf.

Im nördlichen Küstenabschnitt von Sanur befindet der Hafen für die Schnellboote nach Nusa Lembongan.

39. MACHE YOGA UND GRÜSSE DIE HEILIGE KUH IN SANUR

Sanur ist eine Hochburg für All-Inclusive-Tourismus auf Bali. Unzählige Hotels und Liegeschirme am Strand prägen das Bild dieser Gegend. Aber auch in Sanur gibt es entspannte Ecken und ein paar besonders schöne Oasen der Ruhe.

Direkt am Strand neben der Rip Curl School of Surf findest du das "Power Of Now Oasis", eine wunderbare Yogahalle aus Bambus. Hier kannst du täglich Yoga mit wechselnden Lehrern praktizieren. Begleitet wird die Yogastunde vom Muhen der heiligen Kuh.

Das Yoga im "Manik Organik" findet zweimal am Tag statt, hier kannst du deine Asanas in einem kleinen Raum oberhalb des Restaurants praktizieren. Die Klassen werden von einem Mangku (Hindu-Priester), sowie Gastlehrern aus Indonesien und dem Ausland unterrichtet.

Am Küstenstreifen von Sanur gibt es zudem einige künstliche Steininseln mit kleinen Perugas. Sie eignen sich am späten Nachmittag wunderbar für eine private Yoga-Session.

UNTERKUNFTSTIPP
Julia 1: Ein kleines süßes Homestay mit prächtigem Garten, kleinem Pool und viel Vogelgezwitscher in der Nähe vom Pasar Sindhu.

40. ADOPTIERE EINE SCHILDKRÖTE AUF TURTLE ISLAND

Serangan ist eine winzige Insel, die mit dem Festland von Bali durch einen künstlichen Damm verbunden ist. Hier gibt es nicht viel zu tun, außer über die Insel zu cruisen, die Fischer zu beobachten und eine Schildkröte zu adoptieren. Eine Schildkröte adoptieren? Genau, du hast richtig gelesen!

Du solltest unbedingt beim Turtle Conservation and Education Center (TCEC) vorbeischauen. Das Center wurde 2006 gegründet und hat es sich zur Aufgabe gemacht, die Schildkröten von Serangan zu retten und gegen illegalen Schildkröten- und Schildkröteneierhandel vorzugehen.

Im Center selbst wird das Verhalten von Schildkröten erforscht, es werden Touren für Touristen angeboten und die Kids der Insel zum Thema Nachhaltigkeit geschult. Die Hauptaufgabe der Freiwilligen besteht darin, Schildkröteneier vom Strand einzusammeln oder von Fischern abzukaufen.

Die Babyschildkröten schlüpfen im Camp und werden so lange aufgepäppelt, bis sie stark genug sind, um alleine ins Meer hinauszupaddeln. Von den sieben verschiedenen Schildkrötenspezies auf Bali werden drei im Center aufgezogen und behandelt. Diese Arten sind leider allesamt vom Aussterben bedroht. Außerdem kümmern sich die Mitarbeiter um verletzte Tiere. Die meisten Verletzungen entstehen, wenn sich die

Schildkröten in Plastikverpackungen verheddern, Plastik fressen oder Netzen, Angelhaken und Fischerbooten zum Opfer fallen. Die Population der Schildkröten auf Bali ist durch den Konsum von Schildkröteneiern, die Verschmutzung der Ozeane und die Zerstörung der Strände, die einen wichtigen Orientierungspunkt für die Babyschildkröten darstellen, stark gefährdet. Denn Schildkröten richten sich nach dem Mond und werden durch die vielen Lichter der Hotels am Strand verwirrt. Zudem kämpft das Center gegen die Verarbeitung und den Konsum von Schildkrötenprodukten, die in der indonesischen Kultur eine spirituelle Bedeutung haben. Alte Glaubensrichtungen besagen, dass das Tragen eines Schildkrötenrings gegen schwarze Magie schützen kann. In früheren Zeiten wurden Schildkröten oftmals den Göttern als Opfergabe angeboten, heute werden die Produkte auch für Sonnenbrillen oder Deko benutzt.

Du möchtest dabei helfen, diese wunderbaren Kreaturen vom Aussterben zu bewahren? Dann kannst du bei deinem Besuch in Serangan eine Schildkröte für 150.000 Rupiah adoptieren und im offenen Meer freilassen. Das Geld fließt zurück in die Organisation. Mit jedem noch so kleinen Rupiah kann die Organisation wieder Eier kaufen und den Schildkrötennachwuchs aufzüchten und frei lassen. Das Center bietet auch die Möglichkeit, als Volunteer mitzuarbeiten. Alle Infos dazu findest du auf der aktuellen Website www.tcecserangan.jimdo.com.

Du willst noch mehr auf Serangan unternehmen? Cruise doch mal mit deinem Roller über die Insel und schau dir den Tempel Pura Sakenan an. Viele Balinesen strömen am hinduistischen Feiertag "Kuningan" in großen Gruppen zu diesem Tempel. Auf deinem Rückweg kannst du auf dem künstlichen Damm einen Kopi trinken.

41. UNTERNIMM EINE KULINARISCHE REISE DURCH SANUR

In Sanur gibt es unglaublich viele Restaurants für die unterschiedlichsten Geldbeutel - von teuren Fischrestaurants über den günstigen Nachtmarkt bis hin zu Falafel-Läden. Also, worauf wartest du noch? Nasche dich durch das kulinarische Angebot von Sanur.

PASAR SINDHU: Der Nachtmarkt am Pasar Sindhu ist „The Place to Be" am Abend. Hier gibt es eine große Auswahl an leckeren und günstigen indonesischen Gerichten. Probiere die Suppe „Mir Ayam Arema" und zum Nachtisch eine Portion süßes „Jajan" oder "Es Buah" und nimm noch ein paar "Pisang Goreng" mit nach Hause.

BABY MONKEYS: Das Baby Monkeys liegt in der Jalan Sudamala und hat, neben dem super-nettem Staff und einer chilligen Atmosphäre, auch sehr gutes Essen und frische Säfte zu bieten. Probiere den "Hawaian Juice" mit Kokosnussmilch und das "Chicken süß-sauer"!

GECKO COFFEE SHOP: Hier gibt's richtig guten Kaffee und Leckereien fürs Frühstück oder zum Snacken am Nachmittag. Du findest das süße Cafe mit gutem Internet in der Jalan Danau Poso 11. Bestelle dir eine "Granola Bowl" mit Yoghurt und Früchten oder gönne dir einen Bagel mit Creamcheese.

GANGSTA WRAPS: Du willst auch auf Bali nicht auf deine Falafel verzichten? Dann bist du hier richtig. Bei Gangsta Wraps findest du tatsächlich das genialste Kichererbsensandwich mit Joghurtsoße.

MALAIKA SECRET GARDEN: Das Bio-Restaurant Malaika Secret Garden liegt am Mertasari Beach und ist eine Oase für alle Vegetarier und Veganer. Probiere superleckeres "Organic Food"und "Raw Food", wie z.B. die "Grilled Eggplant Lasagna"! Jeden Sonntag gibt's hier außerdem einen Organic Food Market (Punkt 46).

MAMA SATE: Der neue Laden direkt neben dem Pasar Sindhu bietet - wie der Name schon sagt - eine große Auswahl an Sate-Gerichten an.

WARUNG JAWA MORO SENENG: Hier bekommst du günstiges Nasi Campur mit einer großen Auswahl an Beilagen. Im Warung Jawa Moro Seneng kriegst du bereits einen riesigen Teller voller indonesischem Essen für unter 20.000 Rupiah. Absoluter Lieblingsladen für ein gutes und schnelles Mittagessen in Sanur.

COCONUT TREE: Jeden Mittwoch und Samstag kannst du dich auf entspannte Live-Musik in der "Coconut Tree Bar" freuen. Gemütlicher Laden mit indonesischer und westlicher Küche. Probiere das "Cheese & Ham Sandwich" mit Mango-Smoothie.

WARUNG BEACH BREEZE: Jeden Montag und Donnerstag gibt es hier Live-Musik. Probiere das Hühnchen in Ananas Soße. Yammi!

LITTLE BIRDS: Jeden Dienstag- und Freitagabend wartet im "Little Birds" akustische Musik auf die Gäste. Freue dich auf schmackhafte indonesische und westliche Gerichte zu humanen Preisen. Das Personal ist super lieb hier. Das "Gado Gado" und "Fuyung Hui" sind zum Niederknien. Du findest den Laden wenige Meter vom Nachtmarkt Sindhu entfernt.

MANIK ORGANIK: Hier gibt es mehrmals wöchentlich Live-Musik - ob Jazz Jams, Akustik-Musik oder Open Mics (dienstags, mittwochs und samstags). Freue dich zudem auf köstliche Smoothies, sehr gesundes Essen, eine süße Einrichtung und einen kleinen organischen Shop. Das Manik Organik findest du direkt an der Hauptstraße in Sanur. Auch Kochkurse für 300.000 Rupiah werden hier angeboten.

WARUNG AMPHIBIA CORNER: Das kleine Lokal ist einer der wenigen authentischen Läden am Sanur Strand. Der Besitzer, Among, geht jeden Tag Speerfischen und

kann bis zu zwei Minuten unter Wasser bleiben. Seine frische Beute verkauft er am Abend zu sehr humanen Preisen in dem kleinen Restaurant. Du kannst dir deinen Fisch oder deine Meeresfrüchte selbst aussuchen und entscheiden, ob du den Fisch gebraten, frittiert oder als Curry zubereitet haben möchtest. Der Warung ist bis neun Uhr am Abend geöffnet. Der treue Begleiter von Among ist sein kleiner Mops.

LUHTU'S COFFEE SHOP: Hier bekommst du hausgemachtes Brot und leckeren Kuchen zu guten Preisen. Der Karottenkuchen ist der Kassenschlager von Luhtu's Coffee Shop. Zeit für eine Runde Käffchen am Nachmittag!

STRAND WARUNGS: Am Ende der Jalan Segara Ayu findest du am späten Nachmittag eine große Anzahl an kleinen Essensständen und Verkäufern. Wie wäre es mit einem leckeren Sate, das du auf den Mini Hockern direkt am Strand isst? Oder lieber etwas Vegetarisches? Dann probiere Tipat Tahu (Tofu mit Erdnusssoße). Wenn du was Süßes willst, kannst du „Roti Bakar" oder einen süßen Maiskolben snacken.

WARUNG NASI BALI MEN WETI: Morgens ab acht Uhr ist hier die Hölle los. Ibu Weti verkauft täglich leckeres Nasi Campur - aber nur solange der Vorrat reicht. An einigen Tagen kommt es vor, dass bereits um zehn Uhr dicht gemacht wird, da alles ausverkauft ist. Unbedingt vorbeischauen!

KOPI KIOSK: Ein kleines Cafe mit Kiosk an der Hauptstraße in Sanur. Lust auf einen frisch gebrühten Kaffee? Dann chille dich an die Kaffee-Bar und probiere dich durchs Angebot des Kopi Kiosks.

DUSK BLUE: Ein in weißen und blauen Farben gehaltenes süßes Restaurant mit Innen- und Außenbereich, das gesundes und schmackhaftes Essen auf mittlerem Preisniveau anbietet. Der griechische Salat mit frischem Kokosnusswasser ist sehr empfehlenswert. In der gleichen Straße, wie das Dusk Blue findest du zudem zwei weitere gute Läden, **PUTIH PINO** und **WARUNG KECIL**. Letzteres befindet sich direkt neben dem Dusk Blue. Für das Putih Pino musst du nochmal die Hauptstraße überqueren.

In den Parallelstraßen von Sanurs Hauptstraße (wenn du vom Pasar Sindhu ausgehend rechts in die Seitenstraße hinein fährst) gibt es einige kleine süße Lokale, die du auf alle Fälle auschecken solltest. Ob **WARUNG DEAD FISH**, **WARUNG FLOWERS**, **WARUNG PAPA PIZZA** oder **WARUNG BUMI AYU**, alle sind günstig und yammi.

Wenn du selbst kochen möchtest, können wir dir wärmstens einen indonesischen Kochkurs empfehlen. Sehr beliebt ist der vegetarische Kochkurs im Malaika Secret Garden Restaurant (Telefon: +62-81238341000). Eine weitere gute Adresse für einen Kochkurs in Sanur ist das Manic Organik. Bitte einen Tag vorher anmelden!

Der Kurs dauert zwei Stunden und kostet 30 US-Dollar.

42. BESUCHE DAS BALI KITE FESTIVAL IN SANUR

Überall in Bali sieht man sie am Himmel: Prächtige Drachen, die in schwindelerregender Höhe durch den strahlend blauen Himmel schweben. Meist sind sie in den Farben schwarz, rot, weiß und gelb gehalten. Es ist gar nicht mal so leicht, diese Ungetüme bis zu 100 Meter in die Luft zu bekommen. Und es entsteht ein ganz schönes Getümmel, wenn ein Dutzend Balinesen mit der Drachenleine am Strand auf- und absausen, den Blick stets nach oben gerichtet.

Das Drachensteigen ist nicht nur ein lustiger Zeitvertreib, sondern hat für die hinduistischen Balinesen eine spirituelle Bedeutung: Die Drachen stehen für ihre Götter, an die sie Nachrichten schicken. Wenn du zwischen Juli und August auf der Insel bist, dann solltest du auf jeden Fall das Kite Festival in Sanur besuchen. Es nehmen hunderte Teams teil und zeigen, wie man die vier Meter breiten und fast zehn Meter langen Drachen richtig fliegen lässt. Oft wird das Treiben von Gamelanklängen begleitet. Festival verpasst? Dann frag einfach, wann und wo die nächste Kite Competition stattfindet. Und wenn du jetzt richtig Lust bekommen hast, solltest du dir einfach selbst einen Drachen kaufen und versuchen, ihn am Strand steigen zu lassen!

Die lokalen Kids und Kite-Pros helfen dir sicherlich gerne, wenn du das gute Stück nicht alleine in die Lüfte bekommst.

 Lesetipp: *Festivals auf Bali*

43. LASS DICH VERWÖHNEN IM LOKALEN FRISEURSALON

Der kleine lokale Friseursalon JAYANTI Hair & Beauty Salon sieht von außen eher unscheinbar aus. Doch hier bekommst du sehr guten Service für wenige Rupiah. Lass dir deine Haare schneiden oder waschen und genieße dabei die kostenlose Nackenmassage. Du findest den Salon auf der Jalan Danau Tamblingan 28 in der Nähe vom Pasar Sindhu.

44. MACHE EIN BAR-HOPPING IN SANUR

Neben teuren Fischrestaurants und "schmuddeligen Clubs" findest du in Sanur eine gemütliche Live-Musik-Kultur. An jedem Abend gibt es mindestens einen Ort, an dem du akustischen Klängen lauschen kannst. Vor allem die Läden **LITTLE BIRDS**, **COCONUT TREEZ** und **BEACH BREEZE** sind gute Adressen für ein abendliches Bier bei Live-Musik. Das Lokal **ODAHNE** findest du gleich um die Ecke vom Pasar Sindhu. Hier trifft sich zu später Stunde die - hauptsächlich männliche - lokale Jugend, um gemeinsam Arak zu trinken, Nüsse zu knabbern und ein wenig zu jammen. Mädels siehst du hier selten. Wenn du bis jetzt noch keinen lokalen Reiswein (ind.: Arak) getrunken hast, wartet hier deine Chance!

Das **CASABLANCA** ist der bekannteste Laden in Sanur. Hier treten täglich Bands auf. Das junge Publikum ist eher mittwochs vertreten, wenn Reggae auf dem Programm steht. Sollte dir die Musik im Casablanca nicht gefallen, kannst du einen Abstecher in die **LINGA LONGA BAR** machen. Hier spielt die Linga Longa Band alles querbeet - von rockigen Klassikern bis hin zu indonesischen Liebesliedern. Im Getränke-Menü der Bar stehen "Wet Pussy", "Horny Bull" und "Viagra Shot" auf dem Programm.

45. GEHE KITESURFEN

Du kannst sie vor allem an den Stränden in Sanur und Canggu beobachten: Die von bunten Schirmen gezogenen Surfer, die mit unglaublicher Geschwindigkeit über die Wellen heizen, gleiten, springen oder fliegen. Kitesurfen ist ein relativ junger Sport, der immer mehr Leute begeistert. Diese Technik vereint das Beste von allem: Durch den Drachen bekommst du den Speed vom Windsurfen, kannst gechillt die Wellen nehmen wie beim Wellenreiten und unglaublich viele Tricks ausprobieren wie beim Wakeboarding. Nicht zu vergessen das unbeschreibliche Gefühl, wenn du durch die Kraft des Windes abhebst und ein paar Sekunden schwerelos durch die Lüfte schwebst.

Und das Beste: Kitesurfen ist nicht so schwer zu erlernen! Du solltest aber auf jeden Fall einen mehrtägigen Kurs machen. Dabei erfährst du alles über das Equipment, das Lenken des Schirms und die Regeln im Wasser. Denn beim Kitesurfen interagierst du direkt mit der Natur und musst ein Gefühl für die Wellen und den Wind bekommen. Es gibt nichts Schöneres, als den ganzen Tag bei Sonnenschein im Meer zu verbringen und übers Wasser zu schweben!

Gute Spots zum Kiten findest du neben Sanur und Canggu auch in Jimbaran, Nusa Dua, Keramas und Serangan. Wenn du Kiten lernen möchtest, dann starte am besten in der Lagune beim Mercure Hotel in Sanur.

TIPP KITESCHULE
RIP CURL School of Surf Sanur
www.ripcurlschoolofsurf.com/school/

46. SCHLENDERE ÜBER ALTERNATIVE MÄRKTE

In Sanur findet einmal in der Woche ein kleiner organischer Markt direkt neben dem Power of Now Yogastudio und dem Restaurant Malaika statt. Hier findest du lokal angebautes Gemüse, lokal gerösteten und organischen Kaffee sowie lecker zubereitetes Essen.
Vor allem der Kaffee von "Old Friends Coffee Bali" eignet sich wunderbar als Souvenir für zuhause (www.oldfriendscoffee.com).

Ein weiterer großer Sonntags-Markt in Sanur erstrahlt in all seinen Farben vor dem Sand Restaurant. Hier gibt es alles - von Live-Musik über Workshops bis hin zu Ausstellungen der aktuellsten Künstler Balis.

47. PADDEL MIT DEM SUP-BOARD BIS ZUM BABY REEF

Sanur ist ein großartiger Ort zum Stand-Up Paddeling. Es gibt kilometerweites flaches Wasser, du kannst endlos an der Küste entlang paddeln oder mit dem Boot zum "Baby Reef" rausfahren. Surfbrett und Transport findest du bei Wayan. Er hat seinen Surf Info Point neben dem Malaika Secret Garden Restaurant. Du erreichst ihn unter +62-81236205060. Weitere Infos zum SUP findest du unter Punkt 14.

RUND UM NUSA LEMBONGAN

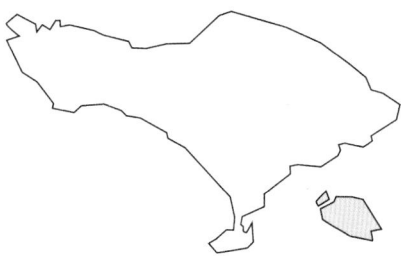

Die kleine Insel Nusa Lembongan liegt südöstlich von Bali und gehört, wie auch die anderen beiden Inseln Nusa Ceningan und Nusa Penida, zum Klungkung-Distrikt Balis. Nusa Lembongan und Nusa Ceningan sind durch eine kleine hölzerne Hängebrücke verbunden. Auf der kleinen Insel leben rund 5.000 Menschen, deren Haupteinnahmequellen der Algenanbau, die Fischerei und der Tourismus sind.

Nusa Lembongan ist aufgrund der makellosen, surfbaren Wellen, der bunten Korallenriffe, der beeindruckenden Kalkstein-Kliffs und der dichten Mangrovenwälder, sowie der weißen Sandstrände ein beliebter Ausflugsort für internationale und nationale Touristen.

Die Unterwasserwelt rund um Nusa Lembongan ist ein Eldorado für Taucher. Hier triffst du vielleicht sogar auf die seltenen Mondfische (ind.: Mola-Mola) und die majestätischen Manta-Rochen. Am Abend ist auf Nusa Lembongan nicht viel los und das ist auch gut so! Die Insel lädt ein zum Entspannen und Auftanken. Aber Achtung: Es gibt nur einen ATM auf der Insel. Nimm also genug Bargeld mit.

48. GEHE IN NUSA PENIDA SCHNORCHELN ODER TAUCHEN

Nusa Penida, die Nachbarinsel von Nusa Lembongan, ist vor allem bekannt durch die zwei faszinierenden Tauchspots Crystal Bay und Manta Point. Eher für Geübte sind die strömungsintensiven Tauchgänge am Crystal Bay. Hier tauchst du durch farbenfrohe Korallengärten mit unglaublich vielen Fischen. Und wenn du Glück hast, triffst du auf die magischen, aber sehr seltenen Mondfische. Vor allem im September und Oktober ist die Gelegenheit gut die Unterwasser-Giganten zu Gesicht zu kriegen. Um am Crystal Bay tauchen zu gehen, verlangen viele Tauschulen den Advanced Open Water Tauchschein.

Am Manta Point, einer Reinigungstation für Mantarochen, hast du eine 98-prozentige Chance, diese eleganten Riesen der Meere anzutreffen. Egal ob erfahrener Taucher, Anfänger oder Hobbyschnorchler - am Manta Point kommt jeder auf seine Kosten. Denn auch als Schnorchler kommst du den Riesen sehr nahe. Dieser Spot ist auf jeden Fall einen Ausflug wert. Aber Achtung, das Wasser hier ist sehr kalt. Tauchtrips nach Nusa Penida werden von Sanur, von Nusa Lembongan oder auch von Padangbai angeboten. Also, 3, 2, 1 - Abtauchen!

TIPP TAUCHSCHULE
In Nusa Lembongan ist die französisch geführte Tauchschule "Dive Concept" mit neuestem Equipment und einer fantastischen Crew sehr zu empfehlen. Wenn du keinen Tauchschein hast, solltest du auf jeden Fall eine der Schnorcheltouren mitmachen, die von vielen Locals am Jungutbatu Beach angeboten werden. Meist werden bei einem Trip zwei bis drei verschiedene Spots angefahren.

49. ERKUNDE DIE INSEL NUSA LEMBONGAN

Nusa Lembongan lässt sich wunderbar mit dem Roller erkunden. Besorge dir eine Karte, zeichne deine Tour ein und los geht's!

Bevor du deinen Ausflug startest, gönne dir erst einmal ein ausgiebiges Frühstück. Der "Lembongan Tropical Warung" ist komplett im Rastafari-Look gehalten und bietet die besten Frühstückspakete der Insel. Probiere das "Jungutbatu Breakfast" und beobachte die Taucher, die sich für ihre Unterwasserabenteuer vorbereiten. Als Kaffee-Liebhaber solltest du deinen Tag im "Kenya Cafe" beginnen. Hier gibt es tolle Frühstücksplatten mit Pfannkuchen, Früchten und Bacon und den besten Kaffee auf der Insel.

Für deine Rollertour empfehlen wir dir die Strände Paradise Beach, Mushroom Beach, Scooby Doo Beach und Dreambeach. Am Dreambeach kannst du die "Dreambeach Huts" besuchen und dort gegen einen kleinen Aufpreis den Infinity Pool mit Blick auf den Traumstrand nutzen.

Von fünf Uhr bis acht Uhr kannst du dich hier auf eine Happy Hour freuen. Das Highlight der Rollertour ist der Besuch des Spots "Devils Tear" im Südwesten der Insel. An der Teufelsträne kannst du die Energie des Ozeans spüren und meterhohe Wellen beobachten, die an den Felsen zerschellen. Neben "Devils Tear" liegt der "Sunset Beach", auch "Sandy Bay" genannt, ein perfekter Ort für den Sonnenuntergang.

Am Nordstrand von Nusa Lembongan gibt es nicht viel, außer Seegrasplantagen und ein paar vereinzelten Warungs. Trinke eine junge Kokosnuss in Oka's Warung, bestelle dir eine Portion Mie Goreng und genieße die Ruhe. Wenn du der Straße weiter folgst, landest du in den Mangroven-Wäldern von Nusa Lembongan.

KOKOSNUSSTIPP
Die leckerste Kokosnuss wird im "The Deck" mit Blick auf die Bucht von Jungut Batu serviert.

SMOOTHIE TIPP
Schau mal im Pisang-Pisang vorbei, was übersetzt „Bananen" bedeutet. Hier gibt es gesunde Küche und leckere Smoothies. Du findest das Restaurant direkt vor dem Rama Garden Retreat.

UNTERKUNFTSTIPP
Schön gelegen sind die bunten und liebevoll eingerichteten "Bunga Bungalows" am Jungutbatu Beach.

50. ENTDECKE DIE BLAUE LAGUNE UND DEN SECRET BEACH AUF NUSA CENINGAN

Im Süden von Nusa Lembongan führt eine quietschgelbe Brücke auf die kleine Nachbarinsel Nusa Ceningan. Bevor du dorthin aufbrichst, kannst du dich in einem der zwei Warungs "Mama Mia" und "Tawe Warung" für deinen Tagesausflug stärken. Bei High Tide hast du von hier aus einen tollen Blick über das türkisfarbene Wasser. Bei Low Tide siehst du, wie die Locals ihre Meeresgärten abernten.

Auf Nusa Ceningan kannst du dann mit dem Roller am ruhigen Meer und den endlosen Seegrasplantagen entlang cruisen und die Steilküsten bewundern. Fahre zur Blue Lagoon und genieße die faszinierenden Farben der Natur und die Aussicht bis nach Nusa Penida. Früher sprangen an diesem Spot Adrenalin-Junkies von der Klippe in die blaue Lagune. Einige sind nie wieder aus dem Wasser aufgetaucht, da dieser Sprung wegen der hohen Wellen und der Felsen extrem gefährlich ist.

Beach-Lover können am menschenleeren Secret Point Beach entspannen - mit Blick auf den einzigen Surfspot in Nusa Ceningan, dem Mahana Point. An dem Surfspot gibt es für die Mutigen unter uns einen Cliff Jumping Spot.

Wenn du in der Nähe des Secret Beach bist, statte doch mal dem "The Palms Ceningan" einnen Besuch ab. Hier kannst du bei Bestellung eines Getränkes im genialen Infinity Pool mit Blick auf die Surfer entspannen. Falls du dann noch nicht genug von Infinity Pools hast, gibt's im "Le Pirate Beach Club" mehr davon. Schaue am Besten zum Lunch oder auf einen Cocktail vorbei, denn der Pool des "Le Pirate Beach Club" ist nur für Gäste mit einem Mindestbestellwert von 100.000 Rupiah reserviert.

51. BRICH MAL KURZ AUS NACH NUSA PENIDA

Wenn du etwas mehr Zeit hast, dann fahre mit einem Fischerboot nach Nusa Penida. Von hier aus kannst du dir für 50.000 Rupiah einen Roller mieten und die unberührte, unglaublich schöne Insel erkunden. Auf den von Kokosnusspalmen gesäumten Trampelpfaden triffst du anstelle von Touristen Schweine, Affen und Kühe in freier Wildbahn. Schöne Ziele in Nusa Penida sind Pantai Suwehan, Pantai Atuh, Angels Billabong, Broken Beach, Temeling Natural Pool oder der Kelingking Secret Point.

52. SURFE AUF DEM SPIEL-PLATZ VOR NUSA LEMBONGAN

Balis kleine Nachbarinsel Nusa Lembongan hat nicht nur weiße Strände und gute Schnorchelspots, sondern auch Weltklasse-Surfspots zu bieten.

Nicht umsonst ist die Insel Heimat vieler lokaler Pro-Surfer. Es gibt mehrere Surfspots mit klangvollen Namen wie "Playground", "Razor", "Shipwreck" oder auch "Laceration". Je nach Swell sind die Spots eher für Fortgeschrittene geeignet und gehen am besten von April bis Oktober bei Mid-High Tide.

Playground läuft über Riff und ist deswegen nicht einfach für Anfänger, denn über Riff brechende Wellen sind schnell und damit schwer zu bekommen. Bei niedrigem Wasserstand kannst du dich außerdem verletzen. Du musst zu allen Spots weit rauspaddeln. Wenn du dafür zu faul bist, kannst du für 60.000 Rupiah einen Bootstransfer bei einer Surfschule buchen.
Du willst surfen gehen, aber bist dir nicht sicher, welcher Spot für dich geeignet ist? Dann buche eine "Guided Tour" bei einer Surfschule für rund 300.000 Rupiah, inklusive Boot, Surfbrett und Booties. Die Guides fahren die verschiedenen Spots ab und bleiben dort, wo es am besten für dich ist. Du bekommst außerdem eine kurze Einführung zum Spot. Mit Anfängern fahren Surfschulen bei hohem Swell auch gerne zum Tamarind Beach.

Auf Nusa Lembongan gibt es mehrere Surfschulen direkt am Jungutbatu Beach, u.a. "NewBroSurfing", "Eddys Surfboard Hire", "Lembongan Surf Lesson" und "Monkey Surfing". Die Preise variieren zwischen 400.000 und 600.000 Rupiah. Boards kosten für zwei Stunden 60.000 bis 80.000 Rupiah

53. ENTDECKE DEN JUNGUTBA-TU BEACH MIT DEM SUP-BOARD

Nusa Lembongan ist ein Paradies für Taucher und Schnorchler, und auch beim SUP kannst du bei kristallklarem Wasser die kunterbunten Korallen von oben bewundern. Du startest im Süden des Jungutbatu Beach und paddelst über Tamarind Beach und Song Lambung Beach bis zum nördlichsten Zipfel des Jungutbatu Beach. Von hier kannst du aus der Ferne die Surfer am Playground, Lacerations- und Shipwreck beobachten.

Das türkisblaue Wasser in der Bucht offenbart einen wunderschönen Blick auf die bunten Korallen und Fische. Nebenbei trainierst du deinen Rücken, bräunst deinen gesamten Körper und entspannst deine Seele.

Eine gute SUP-Schule findest du bei "Rockys Beach Club" und "Eddy`s Surfboard Hire". Weitere Infos zum SUP findest du unter Punkt 14.

54. LERNE MEHR ÜBER DEN OZEAN UND GEHE INS INSELKINO

Wenn du etwas über das Meer erfahren willst, kannst du jeden Dienstag- und Donnerstagabend um 18:30 Uhr im "Yoga Check" oder in den "Secret Garden Bungalows" einen Marine-Talk besuchen. Hier bekommst du tiefe und unterhaltsame Einblicke in das Unterwasserleben von Nusa Lembongan und Nusa Penida. Die Alliance beobachtet vor allem die hier lebenden und sehr seltenen Mola Molas und Mantas, um sie zu schützen und die Wichtigkeit dieser wunderbaren Geschöpfe der lokalen Bevölkerung zu verdeutlichen.

An allen anderen Abenden kannst du auch das Inselkino im "Theatre Lembongan" besuchen und ab 18:00 Uhr einen Surffilm ansehen. Ab 20:00 Uhr werden normale Filme gezeigt. Wann warst du das letzte Mal im Kino bei Meeresbrise, Popcorn und in gemütlichen Sitzsäcken? Wenn du spezielle Filmwünsche hast, schau einfach bei Wayan vorbei oder kontaktiere ihn telefonisch unter +62-8123619493.

55. FINDE BEIM YOGA WIEDER ZU DIR SELBST

Das "Serenity Yoga" ist in einer Seitenstraße des Jungutbatu Beach ruhig gelegen. Freue dich auf therapeutisches Yin Yoga oder auf Montags-Power-Yoga. Erkundige dich auch nach SUP-Yoga-Sessions, die im "Serenity" angeboten werden! Was gibt es Schöneres, als deine Asanas tief verbunden mit dem Ozean auf deinem SUP Board zu praktizieren?

Das zweite Yogastudio auf der Insel heißt "Yoga Check" und befindet sich direkt bei "Big Fish Diving". Für 100.000 Rupiah pro Stunde kannst du hier in dem gemütlichen Bamboo-Haus auf bunten Matten Vinyasa, Yin und Hatha Yoga praktizieren. Namaste!

RUND UM UBUD

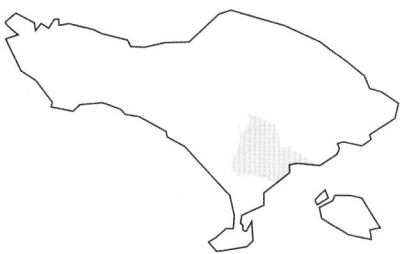

Ubud ist das kulturelle und künstlerische Zentrum Balis, ein wahres Mekka für Yogis und Wellness-Junkies und eine Oase für Veganer und Vegetarier. Rund um Ubud spielt das Handwerk eine große Rolle.
Ob Malerein, Holzschnitzereien, Steinskulpturen oder Textilien - hier werden Kunstliebhaber fündig. Auch das Kulturangebot ist überragend. Neben vielen Tanzaufführungen findest du in der Umgebung von Ubud faszinierende Tempelanlagen und Paläste. Naturliebhaber können außerhalb der Stadt die saftig-grünen Reisfelder bestaunen, sich in den kleinen Dörfern verlieren oder entlang von Flüssen inmitten der üppigen Natur spazieren gehen. Vor einigen Jahrzehnten war Ubud vor allem bei Rucksacktouristen, Künstlern und Sinnsuchenden beliebt.
Mittlerweile leben in Ubud rund 30.000 Einwohner. Der Tourismus ist die Haupteinnahmequelle der Region geworden und anstelle von Backpackern entdecken immer mehr Pauschalurlauber das kulturelle Zentrum Balis. Trotz allem konnte Ubud seine Magie beibehalten - auf den Straßen, in den Cafes und den Herzen der Menschen, die hier leben oder hängen geblieben sind. Du musst nur die Augen offen halten...

56. ENTDECKE DIE KÜNSTLERSZENE UBUDS

Ubud ist unter Künstlern aller Art äußerst beliebt - Musiker, Handwerker, Fotografen oder Designer. Daher findest du hier auch eine große Anzahl an sehr interessanten Museen, wie z.B. das Museum Blanco, das Neka Museum, welches die Entwicklung der Malerei auf Bali behandelt oder das Agung Rai Museum of Art (ARMA), das unzählige Gemälde balinesischer Maler ausstellt und viele Workshops, u.a. Wood Carving und Balinese Painting, anbietet.

Auch die Taksu Photo Gallery von David Metcalf, einem neuseeländischen Fotografen, ist einen Besuch wert. Hier wird eine stets wechselnde Auswahl an großartigen fotografischen Werken rund um das Thema Indonesien geboten. David bietet zudem professionelle Fototouren durch Ubud an. Für Hobbyfotografen ist eine solche Tour eine großartige Möglichkeit, Bali "off the beaten track" zu sehen und digital oder analog festzuhalten. Mehr Infos findest du online auf www.davidmetcalfphotography.com.

Wenn du lieber aktiv etwas schaffen möchtest, solltest du bei Rizal Abdulhadi vorbei schauen. Er ist ein großartiger Künstler, Storyteller und Musiker, der sich auf Bambus-Instrumente spezialisiert hat. Er erfand sogar einst ein neues Instrument: Das Rasendriya - eine Mischung aus Gitarre, Didgeridoo und Percussion. In seinen regelmäßigen Bambus-Workshops zeigt er dir, wie du aus diesem robusten Material deine eigene Brille oder Ukulele zauberst.

KONTAKT
rizalabdulhadi@gmail.com
facebook.com/thatbamboo

Ubud hat einfach unglaublich viel zu bieten. Lass dich auf diesen Ort ein und entdecke die Künstlerszene mit all ihren Facetten. Überall in Ubud werden Workshops, Veranstaltungen und Ausstellungen angeboten. Halte die Augen und Ohren offen und du wirst mit Sicherheit Großartiges erleben!

UNTERKUNFTSTIPP
Wer Interesse an balinesischer Kunst, Kultur und Religion hat, ist in Aji's Homestay in der Jalan Sukma in Peliatan bestens aufgehoben (+62-361-973255). Der ehemalige Lehrerausbilder Aji unterrichtete lange Zeit Kunst und Religion und gibt sein Wissen gerne an seine Besucher weiter. Mehr Infos: www.booking.com/hotel/id/aji-lodge-bungalow.de.html

57. UNTERNIMM EIN RESTAURANT-HOPPING IN UBUD

Ubud ist bekannt für seine vielfältige und gesunde Restaurant-Kultur. Viele Lokale sind "organic", "raw", "vegan" oder "veggie". Wenn du also in Ubud bist, kannst du dich kulinarisch so richtig verwöhnen lassen. Die Preise der Läden vor Ort sind meist im mittleren bis höheren Preissegment angesiedelt.

SARI ORGANIK: Besonders zu empfehlen ist das Sari Organik inmitten der wunderschönen und friedlichen Reisfelder, etwas nördlich des Zentrums. Alleine der Spaziergang durch die Reisfelder ist bereits ein Erlebnis.

IBU OKE: Im Trend-Warung Ibu Oke gibt es das beste "Babi Guling" in Town. Dieses traditionelle balinesische Gericht wird vor allem für Zeremonien zubereitet. Babi Guling ist für den westlichen Gaumen etwas gewöhnungsbedürftig, erinnert aber an das deutsche Spanferkel.

CLEAR CAFE: Das Clear Cafe bietet leckere Smoothies, Wraps und Salate.

SENIMAN CAFE: Im Seniman Cafe gibt es den besten Flat White von Ubud! Hier hält sich vor allem die Digitale-Nomaden-Szene von Bali auf.

ELEPHANT: Im Lokal Elephant erwartet dich eine faszinierende Kulisse mit Blick auf die umliegenden Reisfelder. Probiere den Gorilla Salad, die Polenta Fries, die Parmesan Gnocchi, das Zitronen Ricotta und den Mango-Dragonfruit-Smoothie. Yammi!

KAFE: Das KAFE lockt mit gesunder und kreativer Küche. Hier findest du köstliche Smoothies und leckere Salate mit mexikanischem Einfluss. Es gibt viele vegetarische und vegane Angebote.
Die Buchweizen-Pancakes mit selbst gemachtem Vanille-Sirup, der Rote-Beete-Walnuss-Salat oder die köstlichen Chili-Chocolate-Balls sind einfach wunderbar.

LA RAMONA: Das La Ramona ist ein Mini-Underground-Restaurant mit abgedrehter Inneneinrichtung und herausragender Küche! Freue dich auf verrückte kulinarische Kreationen, wie beispielsweise Schokolade mit Bacon.

9 WARUNG: Im 9 Warung gibt es leckere vegetarische Küche in Buffet-Variante. Du nimmst dir, was du willst, und rechnest deinen Preis selbst zusammen. Der Laden läuft komplett auf Vertrauensbasis. Am Ende spülst du deinen Teller auch selbst ab.

YELLOW FLOWER CAFE: Wenn du erstmal das Yellow Flower Cafe gefunden hast, kannst du dich auf einen super süßen Laden mit organischem Essen freuen. Eine Perle Ubuds! Mach dich also auf die Suche nach den gelben Blumen! Sonntags gibt es ein vegetarisches Buffet.

WEITERE TIPPS: Sonstige Empfehlungen mit gesundem und leckerem Essen:
- Pomegranate Cafe (inmitten Reisfelder)
- Alchemy (geniales Salat Buffet)
- Earth Cafe (kleines Cafe mit Bio-Shop)
- Atman Kafe (gesund und gemütlich)
- Seeds of Life (Raw Food, Retreats & Co.)
- Soma Cafe (Live-Musik am Abend)
- Bali Buddha (kleiner Shop mit Restaurant und praktischem schwarzen Brett)
- Freak Coffee (yammi Kaffee)
- Divine Earth (rohe und vegane Küche)

58. GENIESSE YOGA UND WELLNESS IN UBUD

Wer sich auf Yoga, gesunde Ernährung und ein ausgiebiges Wellness-Programm konzentrieren will, ist in Ubud gut aufgehoben. Der Ort gilt als spirituelles Zentrum und Yoga-Mekka von Bali.

Viele Reisende beginnen ihren Tag in Ubud mit Yoga am Morgen. Die Yogaschulen Radiantly Alive, Intuitive Flow, Taksu Yoga oder das bekannte Yoga Barn haben eine tolle Atmosphäre, nette Mitarbeiter und vergleichbare Preise. Schau dir auch das Rahmenprogramm der einzelnen Yogastudios an. Hier gibt es einen Haufen inspirierender Angebote - von Acro Yoga, über Contact Dance bis hin zur Full Moon Meditation. Ommmm.....

Tagsüber kannst du dich durch das Wellness-Programm probieren. Eine Massage in Ubud ist ein Must-Do. Schau mal in den Kumara Resorts vorbei und gönne dir eine Ayurvedische Öl-Massage oder ein traditionelles Mandi Spa Treatment, inklusive Rosenbad. Nach der Behandlung wirst du dich wie ein neuer Mensch fühlen. Der Rambulan Spa ist ebenfalls eine Top-Adresse für richtig gute Massagen.

Du willst für mehrere Tage komplett in die Welt des Yoga eintauchen? Dann solltest du deine Seele in einem Yoga Retreat in Ubud liebkosen lassen. Um das richtige Retreat zu finden solltest du dir überlegen, was dir persönlich wichtig ist und welches Budget du aufbringen möchtest. Yoga Retreats haben meist unterschiedliche Schwerpunkte - von Rohkost über Healing bis hin zu Ayurveda und Detox. Manche Retreats legen den Fokus klar auf Yoga und Meditation ohne viel Schnickschnack drum herum. Andere Veranstalter, vor allem jene, die sich im höheren Preissegment befinden, verwöhnen ihre Gäste mit Wellness, gesunder Küche und einem warmen Hauch von Luxus. Die OneWorld Retreats und die Floating Leaf Retreats gehören zu den beliebtesten und bekanntesten Retreats auf Bali. Die Preise sind aber nicht ohne. Wenn du es lieber günstiger willst und auf Luxus verzichten kannst, wäre der Besuch eines Ashrams eine wundervolle Alternative (Punkt 93).

Außerdem gibt es unzählige Yoga-Shops in Ubud, die Yogamatten, Yogakleidung und inspirierende Sprüche verkaufen. Wenn du einmal Langeweile hast, kannst du dich bei einer Shopping Tour komplett yogisch ausstatten lassen.

Einmal im Jahr zwischen März und April findet ein großartiges Event in Ubud statt: Das Bali Spirit Festival. Der Eintritt ist relativ teuer, aber dafür auch sehr empfehlenswert. Hier dreht sich alles um Musik, Yoga, Meditation und Tanz.

Den wohl spektakulärsten Pool findest du bei einem Besuch des Restaurants „Jungle Fish" in Ubud. Hier erwartet dich ein Wahnsinnsblick auf die Wälder rund um Ubud und

exquisites Essen. Stelle dich hier auf einen Mindestverzehr von 150.000 Rupiah ein.

Drachenbrücke nicht verpassen. An ihrem Fuße findest du auch eine heilige Quelle.

59. SPAZIERE ÜBER DIE CAMPUHAN RIDGE

Leider verliert die Innenstadt von Ubud immer mehr an Charme. Es wird einfach zu viel gebaut. Manchmal kann es dir deswegen in der City etwas zu viel werden. Nun heißt es: Raus aus dem Getümmel und rein in die Natur! Vom Zentrum in Ubud kannst du beispielsweise wunderbar über die Campuhan Ridge spazieren, eine wunderschöne Wanderroute durch die Reisfelder. Man geht viel zu selten zu Fuß auf Bali. Oder du nimmst dein Fahrrad mit. Was dich hier erwartet? Viel Grün und schöne Tempel!

60. BESUCHE DIE AFFEN-BANDE IM MONKEY FOREST

Der Monkey Forest in Ubud ist ein Muss für viele Reisende! Die Affen sind hier sehr an Menschen gewöhnt und auch daran, dass sie gefüttert werden. Deshalb haben sie auch keine Angst mehr vor uns. So kann man sehr nahe an die kleinen Tierchen heran kommen. Aber sei gewarnt! Sie werden versuchen, alles, was unbeaufsichtigt ist oder aus den Taschen heraus hängt, zu stehlen. Außerdem sind sie dafür bekannt, sehr aggressiv zu werden, wenn sie nach Futter schnappen. Bei deinem Spaziergang durch den Monkey Forest solltest du die

61. SCHAUE DIR DEN TRADI-TIONELLEN LEGONG-TANZ AN

Der Legong-Tanz ist einer von Balis bekanntesten Tänzen und wird überall auf der Insel aufgeführt. Es gibt viele verschiedene Tanzgruppen. Die bekannteste findest du im Palast von Ubud.

Früher wurde der Legong ausschließlich von jungen Mädchen getanzt, das durchschnittliche "Renten-Alter" lag bei 14 Jahren. Wegen der großen Popularität des Tanzes bei den Touristen wird er heute von Männern und Frauen jeden Alters gezeigt. Lies dir auf alle Fälle vor deinem Besuch ein paar Hintergrundinformationen zum Legong-Tanz an.

62. REINIGE DICH IM WASSER-TEMPEL UND BESUCHE DIE KÖNIGSGRÄBER

Du hast etwas auf dem Herzen oder ein Wehwechen? Dann auf zum Wassertempel Tirta Empul im Zentrum der Insel. Die gläubigen Balinesen kommen gerne hierher, um sich im heiligen Wasser zu reinigen und von Sorgen und Krankheiten zu befreien.
Für die Reinigung stehen mehrere Becken bereit, in die warmes Wasser plätschert. Die Besucher stellen sich links an und durchlau-

fen der Reihe nach jeden Springbrunnen. Erzählungen nach hat jeder Springbrunnen eine andere Funktion. Gläubige Hinduisten beten auch oft bei ihrer Reinigung. Es finden regelmäßig Zeremonien statt, in denen Räucherstäbchen angezündet werden und bunte Blütenblätter im Wasserbecken schwimmen. Begleitet werden diese Zeremonien von mystischen Gamelanklängen.

Nach der Reinigung kannst du dich auf die Suche nach dem Tempelkomplex und der Gedenkstätte Pura Gunung Kawi machen. Diese Königsgräber wurden im 11. Jahrhundert angelegt und gelten als außergewöhnliches Kulturgut der Insel. Du erreichst die in einer tiefen Schlucht angelegten Grabstätten über eine in Fels geschlagene Steintreppe mit mehr als 270 Stufen. Die Treppe ist mittlerweile von etlichen Touri-Shops gesäumt. In steile Felswände wurden meterhohe Grabmale geschlagen und Statuen blicken ehrfürchtig über das Land. Einer Legende nach hat ein Riese dieses gigantische Monument in einer schweißtreibenden Nacht mit seinem Fingernagel aus den Felsen gekratzt.

Vor allem am frühen Morgen, wenn kaum Touristen die vielen Stufen zum Tempel hinuntergeklettert sind, hat dieser Ort etwas Magisches. Tagsüber hingegen kann es hier sehr voll werden.

TOUREN TIPP
Die Guides von CocosTravel.de bieten eine Fahrrad-Tagestour entlang der sehr schö-nen Reisterrassen zu den Königsgräbern Gunung Kawi an. Teilweise geht es etwas bergauf, aber bei der Rückfahrt kannst du die Szenerie ganz entspannt auf dem Rad genießen (+62-81337640179).

63. LERNE INDONESISCH KOCHEN IM REISFELD

Du stehst auf die indonesische Küche und hast Lust, auch zuhause gutes Indofood zu genießen? Dann solltest du auf jeden Fall während deiner Reise einen Kochkurs machen. Die Locals weihen dich in die Geheimnisse der indonesischen Küche ein und es macht dazu auch noch Spaß, gemeinsam die Mahlzeiten zuzubereiten und anschließend zu essen. Überall auf der Insel werden Kochkurse angeboten. Am besten sind jedoch die Kurse in Ubud und Umgebung. Dort hast du die Möglichkeit, die Zutaten selbst zu ernten und danach in einer kleinen Hütte, mitten in den Reisfeldern, auf offenem Feuer zu verarbeiten.

Besonders zu empfehlen ist der Kochkurs Green Kitchen. Du solltest aber mindestens einen Tag vorher anrufen, um dir einen Platz zu sichern (Telefon: 08214606-0236).

Alles, was ihr nicht auf dem eigenen Feld findet, kauft ihr auf einem lokalen Markt. Gut, dass die einheimischen Kursleiter wissen, wieviel die Ware kosten darf - denn Reisenden werden meist deutlich höhere Preise genannt. Im Kochkurs lernst du nicht nur, wie man Curry zubereitet, sondern zum Beispiel auch, wie man aus einer Kokosnuss selbst die Kokosmilch herstellt oder eine scharfe Sambalsoße zubereitet. Zum krönenden Abschluss gibt es für dich eine kleine Rezeptesammlung und ein sehr leckeres, selbst gekochtes Essen mitten in den Reisfeldern und einer atemberaubenden Kulisse. Für einen solchen Kurs zahlst du rund 30 Euro, inklusive sind die Abholung an deiner Unterkunft, der Marktbesuch und natürlich die Zubereitung und das Essen selbst.

kel), "Ikan Bakar" (gegrillter Fisch) und "Ayam Asam Manis" (Hühnchen süß-sauer) schmecken auf dem Nachtmarkt besser als in jedem Restaurant. Und bevor du auf dem Roller wieder weiter fährst, ist ein Nachtisch natürlich Pflicht - ob "Es Buah" (Eis-Früchte), "Jajan" (süßes Allerlei), "Pisang Goreng" (frittierte Bananen) oder "Bubur Ijo" (grüner Brei). Nachtmärkte findest du in jedem größeren Dorf. Frage einfach nach "pasar malam" und die Locals können dir sagen, ob und wo ein Nachtmarkt zu finden ist.

64. SCHLEMME DICH ÜBER DEN NACHTMARKT IN GIANYAR

Ein Besuch auf einem Nachtmarkt ist ein Muss für jeden Bali-Reisenden. Auf diesen Märkten findest du jede kulinarische Köstlichkeit, die die Insel zu bieten hat. Der wohl schönste Nachtmarkt befindet sich in Gianyar, ungefähr 25 Minuten von Ubud entfernt. Neben einem riesigen Angebot an indonesischen Gerichten findest du hier auch Kleidung, Filme und anderen Krimskrams.

Am besten ist es, vor dem Besuch nichts zu essen, damit du umso mehr probieren kannst. Wenn du mit einer größeren Gruppe auf den Nachtmarkt gehst, könnt ihr euch das Essen teilen, um möglichst viele Köstlichkeiten an einem Abend auszutesten.

Sehr lecker sind natürlich "Nasi Goreng" (gebratener Reis) und "Mie Goreng" (gebratene Nudeln), aber auch "Babi Guling" (Spanfer-

65. BESUCHE EIN GAMELANORCHESTER

Ein Gamelanorchester besteht aus verschiedenen Bronze- und Holz-Schlaginstrumenten sowie Trommeln, die den Rythmus vorgeben. Gamelanorchester sind fester Bestandteil der balinesischen Kultur. Sie finden sich zu religiösen Anlässen, Hochzeiten oder gerne auch zum traditionellen Schattenspiel ein. Gamelan kann man nicht alleine spielen, es braucht schon eine Gemeinschaft, die die vielen verschiedenen Instrumente gemeinsam zum Klingen bringt. Die Balinesen glauben, dass sie über Gamelanmusik mit ihren Göttern kommunizieren können. Für uns klingt sie mystisch und zieht uns schnell in ihren Bann. Warum sie sich für uns so fremd anhört? Gamelanmusik basiert nicht auf den Tonleitern der westlichen Musik. Vielmehr verwendet sie zwei eigene Stimmungen, die die Klänge für uns so außergewöhnlich machen.

© Katja Denser

Viele junge Indonesier lernen noch heute dieses Instrument. Das Leben der Balinesen ist bestimmt von unzähligen Zeremonien, daher werden immer Leute gesucht, die diese tollen Instrumente spielen können.

Wenn du auf Bali bist, solltest du unbedingt ein Gamelanorchester besuchen! Besonders viele Konzerte findest du rund um Ubud. Hier begleiten die Orchester oftmals die traditionellen Tänze. Häufig wirst du unerwartet in einem der vielen Tempel in ein Gamelanorchester oder sogar in eine Gamelanprobe geraten. Wenn du die mystischen Klänge hörst, halte kurz an und lausche einfach nur.

© Lena Bauer

66. KÜHLE DICH IM TEGENUNGAN UND KANTO LAMPO WASSERFALL AB

Du hast genug von Ubuds City und den vollen Straßen? Dann nimm dir eine Auszeit und fahre zum Tegenungan Wasserfall in Gianyar, der bei Balinesen als Entspannungsort bekannt ist. Nach einigen Stufen, die du hinabsteigen musst, kannst du im Wasserfall baden und die Ruhe genießen - wenn du nicht gerade in die "Touri-Rush-Hour" gerätst.

Tipp: Fotoliebhaber sollten den Wasserfall nachmittags besuchen. Das Licht ist dann am besten geeignet, um tolle Bilder zu zaubern. Den nicht so bekannten, aber wunderschönen Kanto Lampo Wasserfall findest du ebenfalls in Gianyar, im Dorf Beng, etwa 30 Kilometer von Denpasar entfernt.

67. ZEIGE EIN HERZ FÜR HUNDE

Balinesische Gemeinden lebten früher in Einklang mit ihren Hunden, welche die Nagetierpopulationen in Tempeln und auf den Müllstellen kontrollierten. Sie galten als respektierte Wachhunde und schützten Gemeinden vor Eindringlingen – sowohl Menschen wie Geistern.

Üblicherweise gehörten die Hunde zu einem Ort, an dem sie Essen bekamen oder fanden. Aber "Hundebesitz" im europäischen Sinne gab es nicht. Der balinesische Hund ist dadurch extrem unabhängig geworden - ein wahrer Überlebenskünstler der Straße.

Vor 2004 war es nicht erlaubt, Hunde von anderen Inseln oder gar aus anderen Ländern nach Bali zu bringen. So war der balinesische Hund in seiner DNA einzigartig. Einige Wissenschaftler sagen sogar, dass er zu den ältesten Rassen der Welt zählt.

Dann kam die Tollwut. Im Jahr 2008 wurde die Krankheit auf der Insel diagnostiziert. Viele glaubten fälschlicherweise, das Virus werde nur von Hunden übertragen und wurden vorsichtiger im Umgang mit den Tieren. Nicht selten wurden Hunde nun vernachlässigt und zurückgewiesen. In Wirklichkeit sind jedoch eine ganze Reihe an Tierarten, von Affen bis hin zu Fledermäusen, potenzielle Träger von Tollwut.

Der balinesische Hund ist mittlerweile vom Aussterben bedroht - aufgrund von Massentötungen, Inzucht und Krankheit. Innerhalb weniger Jahre sank die Population von 600.000 auf 150.000. Bevor Bali gelernt hat, dass Impfungen und nicht die Massentötung der richtige Weg zur Bekämpfung von Tollwut sind, wird noch einige Zeit vergehen. Es gibt verschiedene Organisationen, die sich für das Schicksal der Straßenhunde von Bali einsetzen.

Die größte Tierschutzorganisation auf Bali heißt BAWA (Bali Animal Welfare Association) und hat zwei Stationen in Ubud. Die BAWA bietet Hilfe für Tiere in Not in Form einer Notfall-Hotline und eines Insel-Rettungswagens an. Sie behandeln alles, von Vergiftungen über Unfälle und Krankheiten bis hin zu Gewaltverletzungen bei Hunden, Katzen, Affen, Vögeln & Co. Vor allem für Katzen und Hunde auf Bali sind außerdem die Sterilisation und Impfung sehr wichtig. Diese führt das Team von BAWA massenweise durch. Außerdem füttern die Helfer jeden Tag hunderte von Straßenhunden und -katzen, unterrichten Kinder in Schulen über Tollwut und lehren den respektvollen Umgang mit Tieren. Denn Bildung ist der Schlüssel für eine nachhaltige Veränderung auf Bali.

Wenn du auf Bali Tiere in Not siehst, kontaktiere BAWA per Mail (info@balianimalwelfare.com) oder Telefon (0811-389-004). Durch Spenden an BAWA oder etwas Mundpropaganda für diese großartige NGO kannst du der Insel und ihren Tieren etwas zurückgeben.

KONTAKT: www.bawabali.com

Die Organisation "I LOVE BALI DOGS®" sitzt in Canggu und hat es sich seit Jahren zur Aufgabe gemacht, sich um hungrige, kranke und verletzte Tiere zu kümmern. Mit strategischen Kampagnen macht "I LOVE BALI DOGS®" auf die Situation der Straßenhunde aufmerksam und versucht damit bei der balinesischen Bevölkerung ein Bewusstsein für einen verantwortungsvollen Umgang mit den Tieren zu schaffen.
Auch du kannst das großartige Team von "I LOVE BALI DOGS®" unterstützen! Immer

wieder brauchen Francesca und Cori Utensilien wie Flohhalsbänder oder spezielle Cremes. Diese sind in Deutschland meist sehr günstig, in Bali aber schwer aufzutreiben. Frage einfach vor deiner Reise, was die beiden aktuell benötigen. Oder du kaufst eines von den vielen "I LOVE BALI DOGS®"-Produkten, wie Taschen, T-Shirts und Aufkleber. Wenn du die Produkte über die offizielle Website des Vereins erwirbst, kannst du dir sicher sein, dass jeder Euro für das Wohl der Straßenhunde eingesetzt wird. Aber am besten besuchst du das tolle Team natürlich und hilfst vor Ort!

KONTAKT: www.ilovebalidogs.org

68. BESTAUNE DIE HEILIGEN HERONS IN PETULU

Ganz in der Nähe der Tegalalang-Reisfelder gibt es auf Bali einen kleinen Ort namens Petulu - das Zuhause von tausenden schneeweißen Reihern (ind. Heron). Zwischen fünf und sechs Uhr abends strömen die Vögel massenweise zurück in ihre Heimatbäume. Ein wahnsinniges Naturschauspiel!
Lasst euch die Geschichte zur Ankunft der Reiher in Petulu erzählen. Sie führt zurück in die 60er Jahre - die Zeit der schlimmen Massenmorde in Indonesien. Viele Leichen wurden niemals gefunden und konnten nicht von ihren Familien beerdigt werden. Somit schwirrten die verlorenen Seelen in der Welt herum. In der Petulu-Gegend wurde zu jener Zeit eine spezielle Zeremonie abgehalten,

um die Energien und bösen Geister des schrecklichen Massakers zu verbannen und die Überlebenden zu schützen. Einige Tage später kamen tausende Herons nach Petu- lu und blieben bis heute. Man erzählt sich, dass die verlorenen Seelen in den Herons weiter leben bzw. wiedergeboren wurden. Bis heute verehren die Bewohner die an- mutigen Vögel. Im Gegenzug schützen die Reiher das Dorf vor allem Bösen und Nega- tiven.

Leider haben einige Bewohner das Touris- mus-Potenzial der Herons entdeckt und verlangen Eintritt ins Dorf (ca. 20.000 Rupi- ah). Wenn du nur einen kleinen Blick auf die Reiher werfen möchtest, dann nimm Petu- lu doch einfach als Durchgangsstation bei deiner Ubud-Rollertour. Aber Achtung: Auch heilige Vögel kacken, also immer schön nach oben schauen!

69. ENTDECKE DIE SILBERSCHMIEDEN VON UBUD

Die Gegend rund um Celuk ist bekannt für ihren Silberschmuck. Hinter jedem zweiten Haus auf der Hauptstraße versteckt sich eine Silberschmiede. Hier kannst du rela- tiv günstig tolle Schmuckstücke einkaufen oder individuell anfertigen lassen. In vielen Geschäften wird dir sogar ein Einblick in das Kunsthandwerk gewährt und du kannst zu- sehen, wie die Schmuckproduktion abläuft. Falls du noch nach Geschenken für deine Lieben daheim suchst, solltest du auf je-

den Fall einmal in Celuk vorbei schauen. Ein bisschen Handeln ist natürlich möglich.

Du bist gerade in Ubud und inspiriert von all den Galerien und dem Kunsthandwerk? Dann werde doch selbst kreativ und fertige im Rahmen eines Silberschmiedekurses deinen eigenen Schmuck an - ob Kettenan- hänger, Ringe oder Ohrringe. Der Silber- schmiedekurs im WS Art Studio kostet rund 30 Euro und beinhaltet den Transport zu deiner Unterkunft, das Essen während des Workshops und natürlich die benötigten Materialien. Du kannst dich von Vorschlä- gen inspirieren lassen oder gleich deinen Entwurf auf Papier zeichnen. Dieser Ent- wurf wird danach auf das Stück Silber über- tragen. Mit Hammer und Meißel wird aus deiner Skizze schließlich dein persönliches Schmuckstück, an dem du nur noch nach Bedarf etwas biegen oder feilen musst. Deine letzte Entscheidung ist, ob du deinen Ring oder Anhänger glänzend oder matt möchtest und tadaaa - fertig ist dein eige- nes, selbstgemachtes Souvenir!

KONTAKT WS ART STUDIO
+62 821-4689-5330.

70. TRITT EIN IN DIE GOA GAJAH - DIE ELEFANTENHÖHLE

Obwohl es auf Bali nie Elefanten gab, findest du in Bedulu, östlich von Ubud, eine Elefan- tenhöhle. Vom Parkplatz ausgehend ent- deckst du nach ein paar Metern eine schöne Anlage mit kleineren Buddhastatuen und dem Tempel Pura Taman. Dass es sich bei der Anlage eigentlich um ein Quellheiligtum handelt, erkennst du an den Badebecken vor dem Eingang zur Höhle.

Empfangen von einer Dämonenfigur aus Stein, führt dich dein Weg in eine kleine, dunkle Höhle. Im Inneren kannst du verschiedene weitere Statuen, unter anderem eine Ganesha-Figur, entdecken. Bali ist die einzige hinduistische Insel in Indonesien. In der Höhle kannst du aber sowohl hinduistische als auch buddhistische Elemente bestaunen. Die Forscher rätseln über diese Mischung noch heute.

71. BESUCHE KERAMAS

Keramas ist immer wieder Schauplatz internationaler Surfcontests und gilt als einer der Weltklasse-Surfspots auf Bali. Der Strand mit dem schwarzen Vulkansand liegt an der Ostküste in der Gianyar Regency und ist über einen kleinen Schotterweg, der von der Hauptstraße Ngurah Rai wegführt, zu erreichen. Am Strand liegt das bekannte Resort Komune und ein dazugehöriger kleiner Warung.
Wenn du es in diese Gegend schaffst, kannst du deine Seele in den Barn N Bunk Hostels am Masceti Beach inmitten der Reisfelder baumeln lassen. Das Hostel bietet tolle Spots für eine morgendliche Yogasession. Im Restaurant wird nur organisches Essen aus der Region serviert. Die Besitzerin Lilli

hat nachhaltige Architektur studiert und möchte jetzt ihr Wissen praktisch umsetzen. Das Barn N Bunk ist ihr Pilotprojekt, in das sie Reisbauern aus der Region mit einbezieht. Ziel der Initiative ist es, dass die Bauern ihre Reisfelder behalten können, anstatt sie an Investoren für den Bau von Villen abzugeben. Absolut unterstützenswert! Zukünftige Projekte sind bereits in Planung. Die Gegend rund um Keramas ist zudem bekannt für schmackhaften Fisch. Wenn du auch gutes und günstiges lokales Seafood genießen möchtest, schau mal am Pantai Lebih vorbei, wo sich ein Seafood Warung an den anderen reiht. Wer Lust auf Fischkopfsuppe hat, ist hier genau richtig.

72. BESUCHE EINE TEMPEL-ZEREMONIE AUF BALI

Auf Bali sind ca. 95% der Einwohner Hindus, im Gegensatz zu den restlichen Teilen Indonesiens, die hauptsächlich muslimisch geprägt sind. Die Hindu-Dharma-Religion auf Bali setzt sich aus dem Hinduismus, animistischen Riten und Regeln, sowie buddhistischen Elementen zusammen. Opfergaben und Zeremonien bestimmen das tägliche Leben. Die richtigen Tage für die Zeremonien werden aus verschiedenen Kalendern berechnet.

Bei deinem Besuch auf Bali wird dir bestimmt auffallen, dass fast täglich irgendwo eine Zeremonie stattfindet, da auch die Strände sehr beliebte Orte dafür sind.

Neben privaten Anlässen wie der Geburt oder dem Tod eines Familienangehörigen finden immer wieder Tempelzeremonien statt. Du erkennst sie daran, dass große Gruppen an Balinesen mit weißen Kopftüchern in die örtlichen Tempel strömen und den ganzen Tag Gamelanklänge zu hören sind. Diese Feierlichkeiten sind meist öffentlich und auch für Besucher frei zugänglich. Erkundige dich aber vorher und frage im Tempel nach, von welchem Ort aus du die Zeremonie beobachten darfst. Denn manche Räume sind den Priestern vorbehalten.

73. LAUFE BEI EINEM BALI HASH MIT

Du willst Fitness mit Sightseeing verbinden? Dann nimm an den Hash House Harriers teil. Hier treffen sich die unterschiedlichsten Leute, um gemeinsam an Reisfeldern, Flüssen, Wäldern und Stränden vorbei quer durch Bali zu laufen. Du wirst mit Sicherheit an Ecken vorbei kommen, an die du alleine niemals geraten wärst. Eine grandiose Art, um Bali "off-the-beaten-track" zu entdecken! Schau entweder bei facebook.com/balihhh oder bali-hash.com vorbei, wenn du mehr Informationen benötigst. Dort gibt es regelmäßige News zu den Treffpunkten und Uhrzeiten der Läufe.

74. BADE AM BEEINDRUCKENDEN DESA KUNING WASSERFALL

Der Desa Kuning Wasserfall liegt etwa 40 Minuten von Ubud entfernt in Bangli, in der Nähe des Ortes Bebalang. Desa Kuning bedeutet übrigens "gelbes Dorf". Nach einem circa zehnminütigen Spaziergang von Bebalang erreichst du den Wasserfall. Das Wasser stürzt sich aus einer Höhe von 25 Metern in die Tiefe. Natürlich hast du die Möglichkeit, dort zu baden. Aber Achtung: Das Wasser ist eiskalt. Wenn du früh am Morgen an Desa Kuning bist, siehst du den Wasserfall in einem mystischen Nebelvorhang. In einem nahen Wald leben zudem hunderte wilde Affen, die du mit etwas Glück beobachten kannst. Tipp: Während der Regenzeit sind die Wasserfälle Balis besonders beeindruckend.

75. NASCHE LECKEREIEN IN DER SCHOKOLADENFABRIK

Bist du ein Schokoladen-Liebhaber? Wie wäre es dann mit einer Führung durch die Bamboo Chocolate Factory bei Ubud? Die Schokoladenfabrik ist komplett aus Bambus gebaut! Hier kannst du den Prozess von der lokalen Kakao-Bohne bis zur fertigen Schokolade verfolgen und vor allem ganz viel naschen! Täglich finden mehrere Führungen durch die Fabrik statt. Außerdem kannst du direkt Souvenirs für Zuhause mitbringen. Die Cashew-Schokolade ist unglaublich lecker!

76. MIETE DIR DEIN EIGENES REICH IN DEN REISFELDERN

In der Gegend rund um Ubud findest du eine große Anzahl an traumhaft gelegenen Homestays und Villen. Wenn du mit einer größeren Gruppe für längere Zeit reist oder mindestens für einen Monat auf Bali bleiben möchtest, lohnt es sich manchmal, eine Villa zu mieten. Die monatliche Miete kann man wunderbar untereinander aufteilen und somit einen großartigen Luxus zu humanen Preisen genießen.

© Katja Denser

Die Hati Suci Villa in der Nähe von Ubud bekommst du für 6000 Euro pro Monat für maximal 10 Personen, theoretisch ist sogar noch Platz für mehr. Die Villa ist purer Luxus mit Pool, Garten, Reisfeld-Blick und Housekeeping. Das Haus ist ruhig gelegen in einem kleinen Dorf vor Tegalalang. Du findest die Unterkunft auf www.airbnb.de.

Für kürzere Zeiträume und den kleineren Geldbeutel kannst du dich in ein gemütliches Homestay einmieten. Zu empfehlen sind das Buddha Home Bali Ubud und das Sari Organik! Beide findest du unter ihrem Namen auf Facebook.

77. BESUCHE DIE GRÜNE SCHULE UND DAS GRÜNE DORF

Ein Besuch in der Green School ist ein ganz besonderes Erlebnis. Von so einem Abenteuerspielplatz hätten wir alle geträumt. Die Schüler können die Hausschweine pflegen, im hauseigenen Gemüsegarten ihr eigenes Essen anbauen und im Fluss schwimmen gehen. Hier werden keine langweiligen Bücher gewälzt, sondern die Kinder lernen direkt in der Natur. Ein großartiges Konzept! Bei der einstündigen Führung bekommst du die ganze Schule gezeigt. Die Grüne Schule liegt zwischen Denpasar und Ubud in der Jalan Raya Sibang Kaja. Mehr Infos gibt es auf der Website www.greenschool.org.

Wenn du noch mehr "Grünes" sehen möchtest, dann schau doch noch im Grünen Dorf vorbei, das in wenigen Minuten zu Fuß von der Green School aus erreichbar ist. Die 18 Villen im Green Village wurden ausschließlich aus Bambus gebaut und jedes einzelne Objekt ist ein architektonisches Meisterwerk. Im Green Village gibt es ein eigenes Restaurant mit balinesischer Küche. Hier hast du auch die Möglichkeit, einen Kochkurs zu machen. Das Green Village bietet unterschiedliche Aktivitäten an, zum Beispiel Ausflüge zur Bamboo Factory oder Workshops, wie zum Beispiel Jegog- oder Hausbaukurse. Gleich neben der Green School kannst du die Kul Kul Farm besuchen und dort an einem Workshop zu Nachhaltigkeit und eco-living teilnehmen. Auf der Website des Green Village gibt es mehr Infos: greenvillagebali.com.

78. WANDERE DURCH DIE REISFELDER RUND UM UBUD

Die bekanntesten (und demnach auch touristischsten) Reisfelder liegen in Tegalalang, in der Nähe von Ubud. Der Ort ist einer der beliebtesten Plätze für Instagram-Fotos geworden.

Ein schöner Reisfeld-Pfad für einen gemütlichen Spaziergang liegt auf dem Weg zu dem süßen Restaurant Sari Organik, welches ebenfalls von Reisfeldern umgeben ist. Außerdem solltest du den Ayung River zwischen Ketewan und Sayan besuchen. Umgeben von Reisfeldern und wildem Baumwuchs, führt ein kleiner Pfad am Fluss entlang. Rund um den Ayung River kannst du chinesische und japanische Touristen beim Rafting beobachten und hinter die Kulissen des Reisanbaus schauen.

Obwohl auf Bali so viel Reis angebaut wird, reicht die lokale Ernte nicht für die Versorgung der Bevölkerung und für die vielen Touristen aus. Daher importiert auch Bali große Mengen Reis aus Java. Wenn du etwas mehr Zeit übrig hast, dann fahre zum Pantai Masceti (45 Minuten südlich von Sideman). Hier kannst du inmitten von Reisfeldern in einer herrlich ruhigen Umgebung bei "Barn N Bank" (Punkt 71) einkehren und unterstützt dabei ein großartiges Projekt. Denn leider verkaufen immer mehr Reisbauern ihre Reisfelder an Investoren, die einen Platz für den Bau von Villen suchen. Dadurch verlieren viele Familien langfristig ihre Einkommensquelle.

Einige Locals haben diese Entwicklung erkannt und gehen gezielt dagegen an. Lili kommt aus Java und hat nachhaltige Architektur studiert. Sie pachtet einen kleinen Teil von Reisfeldern für die Errichtung von Gästehäusern, die Bauern können jedoch ihre Felder weiter bewirtschaften und die Touristen mit Reis und anderen lokalen Produkten versorgen. Das erste Pilotprojekt "Barn N Bank" befindet sich in der wunderschönen Gianyar Gegend am Pantai Masceti. Ein sehr unterstützenswerter Ansatz!

INSTAGRAM-TIPP
@balicili

79. LAUSCHE DEN RUFEN DES GECKOS

Am Abend hört man auf Bali oftmals die Rufe der nachtaktiven, blau-rot gepunkteten Geckos, die bis zu einem halben Meter groß und bis zu 25 Jahre alt werden können. Die Indonesier nennen sie liebevoll „Tokeh", was den Klang des Gecko-Rufes in Worte fasst. Die wundervollen Geschöpfe sehen nicht nur faszinierend aus, sondern sind auch sehr nützliche Haustiere in deinem Zimmer. Denn der Gecko ernährt sich liebend gerne von lästigen Insekten. Außerdem gelten Tokehs in Bali als Glücksbringer.

Wenn du bei deiner Reise einen Gecko hörst, zähle die Rufe (Tok-keeee)! Sieben Rufe sollen Glück bringen, neun Rufe bringen dir den Gipfel des Glücks. Dass die Männchen die Rufe eigentlich nutzen um Weibchen anzulocken oder ihr Revier zu markieren, ignorieren wir einfach mal. Solltest du noch keinen Gecko zu Gesicht bekommen haben, dann ab in den Bali Bird & Reptile Park! Der Park ist sehr teuer, bietet vielen gefährdeten Tierarten aber auch einen geschützten Raum und du kannst wunderschöne Vögel bewundern. Kontakt: www.bali-bird-park.com

RUND UM BANGLI

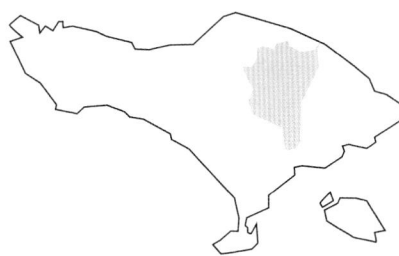

Der gebirgige Kreis Bangli hat keinen Meereszugang zu bieten, dafür aber den wundervollen Kratersee Danau Batur mit dem gleichnamigen Vulkan Gunung Batur.

In der Bangli-Region finden Reisende zudem heiße Quellen, traditionelle Bali-Aga-Dörfer, angenehm kühle Temperaturen und beeindruckende Tempel. Der fruchtbare vulkanische Boden von Bangli ermöglicht eine äußerst ertragreiche Landwirtschaft.

Der in Kintamani angebaute Kaffee soll besonders gut schmecken.

Die Region Bangli ist vor allem für ihre spektakulären Landschaften und Ausblicke bekannt, die du mit dem Fahrrad, auf dem Roller oder beim Trekking bestaunen kannst. Durch die gebirgige Lage ist es oft bewölkt und nebelverhangen im Kreis Bangli. Hier regnet es häufiger als in anderen Regionen der Insel.

80. LERNE WISSENSWERTES ÜBER DIE TRADITIONEN DER ÄLTESTEN DÖRFER BALIS

Es gibt noch einige wenige traditionelle Dörfer auf Bali, die ihre eigene Kultur entwickelt haben und zum Teil bis heute pflegen. Bayung Gede ist ein großartiges Beispiel für ein solches traditionelles Dorf mit ganz besonderen Bräuchen, Mythen und Geschichten. Die Mehrheit der Einwohner aus Bayung Gede arbeiten als Bauern auf den nahe gelegenen Plantagen.

Bayung Gede befindet sich in der Nähe von Kintamani in der Bangli-Region. Es unterscheidet sich von vielen anderen balinesischen Dörfern - zum einen aufgrund der Architektur der Häuser mit ihrer einheitlichen Bambusdachstruktur, die sich stark von den typisch balinesischen Häusern unterscheidet.

Zum anderen gibt es in dem Dorf ein ganz besonderes Ritual. Normalerweise vergraben Balinesen die Plazenta von Neugeborenen neben dem Haus. Sie glauben, die Plazenta sei ein Bruder oder eine Schwester des Neugeborenen. Es werden täglich Opfergaben zum „Grab" der Plazenta gebracht. In Bayung Gede hingegen wird die Plazenta in eine Kokosnuss-Schale gelegt und mit geflochtenen Bambus-Bändern an Bukak-Bäume gehangen. Man sagt, dass das Holz des Bukak-Baumes den strengen Geruch der Plazenta neutralisiert. Das Ritual des Aufhängens wird am Morgen in der Regel von den Vätern der Neugeborenen durchgeführt. Hierbei muss die Kokosnuss-Schale sorgfältig angebracht werden, denn diese Konstruktion wird langfristig ein Beschützer des Neugeborenen sein. Der Plazenta-Friedhof befindet sich außerhalb des Dorfes.

Dies ist nur eine der vielen einzigartigen Tradtionen in Bayung Gede. Es gibt noch einige andere Dörfer auf Bali, die zu den ältesten Orten der Insel zählen, u.a. Penglipuran, Truntan, Sekardadi und Bonyoh. Sie alle pflegen seit hunderten von Jahren ihre eigenen Bräuche. Die Dörfer spiegeln allesamt den kulturellen Reichtum auf Bali wieder, der mit dem Einzug der Moderne immer mehr zu verschwinden droht. Wenn du traditionelle Dörfer besuchst, verhalte dich respektvoll und nimm dir einen lokalen Guide, um dir die Geschichten, Traditionen und Mythen der Dörfer ausführlich erzählen zu lassen.

81. WANDERE FÜR DEN GUTEN ZWECK

Es gibt einige Regionen in Bali, jenseits der Berge, in denen über das Jahr hinweg kaum Regen fällt. Die Landschaft präsentiert sich halbwüstenähnlich. Hier wächst nicht viel, außer Kakteen, Lontarpalmen und dornigem Buschgewächs.

Die Berggemeinde Muntigunung ist dieser Klimasituation leider auch ausgesetzt. Die rund 5.500 Menschen des Ortes leiden die meiste Zeit des Jahres an Wassermangel. Ein großer Teil der Bewohner Muntigunungs geht regelmäßig zum Betteln in die touristischen Zentren Balis - vor allem Frauen mit ihren kleinen Kindern. Normalerweise sorgen die balinesischen Sozialstrukturen dafür, dass Härtefälle von den Gemeinden unterstützt werden. Da der Großteil der Bewohner in Muntigunung jedoch einen solchen Härtefall darstellt, funktioniert das Sozialsystem hier nicht. Auch die Regierung hilft nur bedingt. Deswegen müssen Wege gefunden werden, um dieser Berggemeinde zu helfen.

Das "Trekking für den guten Zweck" wird von dem Verein "Zukunft für Kinder" organisiert. Die Trekkingleiterinnen sind Frauen aus den umliegenden Dörfern Cangkang und Kulkul. Mit den Aktivitäten verdienen die Frauen etwas Geld, können ihre Familien ernähren und müssen weniger betteln gehen. Das Trekking beginnt im Dorf Songang und führt durch die typische Vegetation der Region Muntigunung mit wunderschöner Sicht auf den Lake Batur. Meistens geht es noch ins Dorf der Trekking-Leiterinnen, wo du sehen kannst, wie die Einwohner leben.

KONTAKT PICA
+62-81337966240
www.zukunft-fuer-kinder.ch/en

82. FAHRE MIT DEM BIKE VON KINTAMANI NACH UBUD

Von Kintamani (Gunung Batur) nach Ubud führt eine schöne Strecke zum Biken. Es geht 22 Kilometer fast ausschließlich bergab (700 Meter Höhenunterschied). Du passierst dabei Steinskulptur-Fabriken, kleine Dörfer, Tempel, Schulen, Reisfelder sowie Kaffee-, Vanille- und Kakaoplantagen. Hier triffst du kaum Touristen, vor allem wenn du früh morgens gegen acht Uhr los ziehst. Diese Tour ist eine wunderbare Möglichkeit, um den Hitzekessel Balis zu verlassen und die kühle Luft ein paar Meter höher zu genießen.

Erkundige dich, wo du Fahrräder leihen kannst (und wenn du die Strecke nur One-Way fahren willst, lass dein Rad hoch nach Kintamani transportieren). Nimm dir auf dem Weg von Kintamani nach Ubud Zeit. Die Strecke ist richtig schön, aber auch schnell vorbei.

Beginne den Morgen in Kintamani. Iss ein Bubur Hitam zum Frühstück, mit Blick auf den Gunung Batur. Wenn du gegen halb sechs Uhr hier oben bist, kannst du den Sonnenaufgang mit wundervoller Szenerie zwischen Gunung Batur und Gunung Agung beobachten.

Leg deinen ersten Stop in Bayung Gede ein. Bayung Gede ist ein traditionelles balinesisches Dorf, das bis heute sehr gut erhalten geblieben ist (Punkt 80). Von Bayung Gede fährst du weiter Richtung Abuan. Auf dem Weg kommst du an einigen Kaffee- und Kakaoplantagen vorbei. Halte an, schaue dir die Pflanzen an und trinke einen Kopi, während du Smalltalk mit den Locals hältst.

Der Weg zwischen Abuan und Karo ist vollgepackt mit kleinen Steinskulptur-Fabriken. Hier wird gehämmert und gemeißelt. Von Karo geht es weiter über Keliki nach Sebali. Wenn du Sebali passierst, wirst du an wunderschönen Reisfeldern vorbei fahren. Halte auch hier an, trinke ein Pocari-Erfrischungsgetränk und genieße den Blick für eine kleine Verschnaufpause.

Dann fährst du bis nach Bangkiang Sidem. Das ist der Ort kurz vor dem Gebiet der "Campuhan Ridge" (Punkt 59). Hier kannst du absteigen und den Rest der wundervollen Strecke zu Fuß (Fahrrad schieben) bis nach Ubud laufen. Ein schöner Abschluss der kleinen Bike-Tour.

83. BESTAUNE DEN SEE DANAU BATUR UND DAS BALI AGA DORF TRUNYAN

Direkt am Gunung Batur befindet sich der riesige See Danau Batur, der Trinkwasserqualität besitzt. Rund um den See herrscht eine entspannt-kühle Atmosphäre, die eine schöne Abwechslung zu Balis südlichem Hitzekessel darstellt. Im Ort Toya Bungkah gibt es eine heiße Quelle mit einem schönen Blick über den See. Der Eintritt zur Quelle ist kostenpflichtig. An manchen Tagen wird die heiße Quelle in zwei Bereiche unterteilt. Ein Bereich ist für die Locals und ein Bereich für die Touristen.

Östlich vom See liegt am Fuße des Berges Abang das Bali-Aga-Dorf Trunyan, das du mit einem Boot von Kedisan erreichst. Die Kultur dieser Gegend ist älter als der Hinduismus auf Bali. Auf dem Friedhof von Trunyan werden die verstorbenen Bewohner auf Bambuskonstruktionen bestattet.

Diese Art der Bestattung erinnert an die Toraja-Gräber in Sulawesi. Der Friedhof ist in drei Abschnitte unterteilt: einen für die Kinder, einen für die bei Unfällen oder wegen Krankheit verstorbenen Bewohner und einen für natürlich verstorbene Bewohner.

Ein Guide kann dir die Legende über die versteckten Tunnel unter der Erde für die verstorbenen Seelen erzählen. Lass dir außerdem die Hintergründe zum Taru-Menyan-Baum erklären. Dieser Ort ist ein lebendiges Relikt der früheren Geschichte von Bali.

Der Friedhof kann nur per Boot erreicht werden. Wenn ihn besuchen möchtest, sei respektvoll. Bewohner erbitten hier gerne hohe Preise für den Besuch des Dorfes. Wenn ihre Vorstellungen über deinem Budget liegen, bleibe freundlich und lehne ab. Immerhin möchtest du als Reisender einen Einblick in die Kultur der Bewohner erhalten. Außerdem fragen viele Bewohner nach Geld - ob als Spende zur Erhaltung der Gegend oder für die Verstorbenen. Die Menschen haben mittlerweile das Tourismus-Potenzial ihrer jahrhundertealten Kultur erkannt, was man ihnen nicht verübeln kann. Viele Besucher beklagen sich jedoch über diese Situation. Demnach ist der Ort lediglich empfehlenswert, wenn du dich wirklich für ethnologische Fragestellungen interessierst.

84. BESTEIGE DEN GUNUNG BATUR ZUM SONNENAUFGANG

Der 20.000 Jahre alte, noch immer aktive Vulkan Gunung Batur liegt im Norden von Bali. Der letzte Ausbruch ist auf die Jahrtausendwende datiert. Rund um den 1.717 Meter hohen Vulkan liegen einige kleine Dörfer, in denen etwa 16.000 Menschen zuhause sind. Die Locals haben das Tourismus-Potenzial des Gunung Batur erkannt und versorgen Reisende mit Getränken und Snacks oder arbeiten als Trekking-Guides.

Meistens starten die Touren gegen zwei Uhr am Fuße des Vulkans, um pünktlich zum Sonnenaufgang den Gipfel zu erreichen. Über Steine und Felsvorsprünge geht es im Dunkeln, nur mit Hilfe einer Taschenlampe, den Bergrücken des Gunung Batur hinauf. Oben angekommen, kannst du dich auf einen phänomenalen Sonnenaufgang freuen. Oftmals wird zusätzlich eine abenteuerliche Runde um den Krater angeboten.

Zurück ins Tal gibt es zwei Wege: Eine Route ist etwas schwieriger, die andere ist dieselbe wie auf dem Hinweg. Während des Abstiegs erlebst du traumhafte Ausblicke auf Kraterseen und eine malerische Landschaft.

Die ungefähr sechsstündige Trekking-Tour kannst du in Reiseangenturen in allen touristisch erschlossenen Orten auf Bali buchen. Eine Tour hat den Vorteil, dass du mit dem Auto in das relativ abgelegene Gebiet rund um den Gunung Batur gebracht wirst. Der Trip kostet rund 60 Euro pro Person - inklusive Abholung, Besteigung und Verpflegung. Die Tour zum Fuße des Gunung Batur geht natürlich auch auf eigene Faust. Vor Ort musst du jedoch einen Guide buchen, denn alleine darfst du den Gunung Batur nicht besteigen.

TOUREN TIPP

Die Guides von CocosTravel.de bieten eine zweitägige Bike-Tour von Ubud zum Vulkan Batur an. Auf dem Plan stehen heiße Quellen und eine phantastische Abfahrt bis Ubud. Hier verbindest du Trekking mit Biken in zwei Tagen (+62-81337640179).

85. ENTDECKE DIE KLEINE VERSCHLAFENE STADT BANGLI

An manchen Tagen verwandelt sich die kleine verschlafene Stadt Bangli in einen quirligen Platz, auf dem rege mit lokalen landwirtschaftlichen Produkten gehandelt wird. Denn vor dem Palast Puri Artha Sastra findet mehrmals in der Woche ein großer Markt statt. Der Palast selbst ist natürlich auch einen Besuch wert. Wenn du die Gegend einmal von oben betrachten möchtest, dann mache einen Abstecher zum Bukit Demulih. Von hier hast du einen wunderbaren Blick über den Süden Balis.

Außerdem kannst du den Tempel Pura Kehen mit dem dazugehörigen heiligen Banyan Baum besichtigen. Er zählt zu den bedeutendsten Tempeln in Bali.

RUND UM KARANGASEM

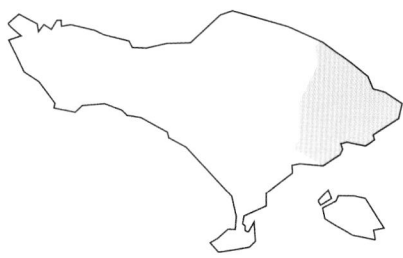

Die abwechslungsreiche Region rund um Karangasem umfasst den Osten von Bali. Gerade unter Tauchern sind die einst kleinen Fischerdörfchen Amed, Tulamben und Padangbai besonders beliebt. Hier warten gesunkene Schiffe und wundervolle Korallengärten darauf, entdeckt zu werden. Aber auch zum Schnorcheln herrschen entlang der Küste Karangasems die besten Bedingungen. In Padangbai findest du schöne Strände und entspannte Reggae-Bars.

Die romantischsten Sonnenuntergänge gibt es in Amed.

Auch Nicht-Taucher kommen im tiefen Osten Balis auf ihre Kosten. Der größte Vulkan der Insel, der Gunung Agung, kann bei einem herausfordernden Aufstieg erklommen werden. Und die beeindruckende Tempelstadt Pura Besakih sowie die riesige Tempelanlage Pura Lempuyang erzählen Geschichten über die Kultur und Religion der Insel.

86. GEHE IN AMED SCHNORCHELN

Im Nordosten von Bali liegt das Fischerdorf Amed. Ein genialer Ort für Naturliebhaber, die fernab von Hotelketten und Partys entspannen möchten. Das kleine balinesische Dörfchen befindet sich an einem 15 Kilometer langen Küstenstreifen und führt dich entlang vieler schöner Buchten mit dunklem Sandstrand und traditionellen Booten. Die Gegend ist trocken und felsig. Viele Bewohner des Dorfes leben vom Fischfang und der Meersalzgewinnung. Man sagt, in Amed gibt es das beste Meersalz auf der ganzen Insel!

Gerade für Schnorchler ist Amed super, denn hier kannst du direkt von der Bucht aus auf Entdeckungstour gehen. Der Jemeluk Strand ist besonders empfehlenswert für Schnorchel-Spaß. Dort findest du kunterbunte Fischschwärme und große Korallengärten direkt unter der Wasseroberfläche.

Auch Taucher kommen in Amed voll auf ihre Kosten. Sie besuchen den kleinen Ort vor allem, um das gesunkene japanische Schiff Lipah zu bestaunen.

UNTERKUNFTSTIPP STRANDSEITE
Blue Star und Kembali Beach Bungalow

UNTERKUNFTSTIPP LANDSEITE
Eka Purnama und Horizon Bungalows

SCHNORCHEL- UND TAUCHTIPP
AMED SCUBA DIVE CENTER
www.amedscubabali.com

87. ERLEBE DEN SONNEN-UNTERGANG ZWISCHEN AMED UND JEMLUK

Wer sich nach Amed verläuft, sollte sich auf keinen Fall den Sonnenuntergang zwischen Amed und Jemeluk entgehen lassen. Hier treffen sich jeden Abend zahlreiche Locals und Reisende, um gemeinsam die Sonne mit Blick auf den Vulkan Agung zu verabschieden. Den "Sunset-Spot" findest du direkt an der Küstenstraße zwischen Amed und Jemeluk in einer kleinen Einbuchtung. Für Snacks, Kokosnüsse und Bier ist natürlich gesorgt. Oftmals hörst du hier auch Gitarrenklänge und Gesänge - von Bob Marley bis Bob Dylan. Atemberaubend schön!

88. SCHAUKEL BEI DER SCHOKO-LADENFABRIK IN KARANGASEM

Die Schokoladenfabrik Uforia in Karangasem ist ein sehr gern besuchtes Ziel unter Bali-Reisenden. Aber eigentlich nicht direkt wegen der leckeren Schokolade, die hier produziert wird. Viele der neugierigen Backpacker kommen nur wegen der genialen Schaukel nach Uforia. Dort kannst du zwischen meterhohen Palmen und direkt vor dem Meer bis in den Himmel schaukeln. Der Ort ist ein beliebtes Motiv für Instagram-Lover. Auf die Schaukel, fertig, los! Von hier oben kannst du die Surfer von Karangasem beobachten. Vergiss aber nach der ganzen Schaukelei nicht, ein paar Tafeln organische dunkle Schokolade für daheim mitzunehmen. Du findest die Schaukel am Ort Uforia Chocolate Karangasem.

89. ERKLIMME DIE STUFEN ZUM TEMPEL PURA LEMPUYANG

Der Tempel "Pura Lempuyang" liegt zwischen Amed und Padangbai. Um ihn zu besichtigen, musst du ersteinmal hunderte von Stufen erklimmen. Oben angekommen, erwarten dich ein spektakulärer Ausblick bis zum Gunung Agung (bei gutem Wetter), aggressive Affen und riesige Drachenbäume.

An manchen Tagen kann es hier sehr nebelverhangen sein; dann fällt die Aussicht natürlich schlechter aus. Pura Lempuyang ist für die balinesische Bevölkerung besonders heilig und gehört zu den wichtigsten Tempeln der Insel.

Wenn du Hintergrundinformationen zu diesem besonderen Tempel und der balinesischen Kultur erhalten möchtest, höre dich vor deinem Aufstieg nach einem Guide um. Ein Sarong ist auch hier Pflicht. Wenn du alle Tempelanlagen von Pura Lempuyang sehen möchtest, solltest du vier Stunden Besichtigungszeit einplanen. Der Weg zu den oberen Tempeln ist steil und anstrengend, aber absolut lohnenswert.

90. ENTDECKE DAS LIBERTY-SCHIFFSWRACK IN TULAMBEN

Das unter Tauchern beliebte Liberty-Schiffswrack liegt an der Küste von Tulamben, nur wenige Meter vom Strand entfernt in 9 bis 30 Metern Tiefe auf schwarzen Sand. Das Wrack eignet sich aufgrund der Lage und Tiefe wunderbar für unerfahrene Taucher. Die Artenvielfalt der Unterwasserwelt rund um die Liberty lockt jedoch Taucher jeden Levels. Auch Schnorchler sind willkommen!

Du kannst ganz einfach vom Strand aus zum Wrack tauchen - ohne Boot und (eigentlich) auch ohne Guide. Ein Guide ist trotzdem empfehlenswert aufgrund der vielen atemberaubenden Unterwassergeschöpfe, die du ohne fachkundige Begleitung niemals finden würdest. Außerdem herrscht Einsturzgefahr in manchen Teilen des Wracks. Rund um das gesunkene Schiff kannst du dich auf kleine "Nemos" (Anemonenfische), Blaupunktrochen, Skorpionfische, Muränen, sowie Thunfisch- und Süßlippenfischschwärme freuen.

Die Liberty war ein amerikanisches Versorgungsschiff. Mit Gummi und Eisenbahnteilen beladen, machte sie sich 1942 auf den Weg von Australien auf die Philippinen. In Bali angekommen, wurde sie von einem japanischen U-Boot angegriffen. Nach der Attacke sollte das Schiff nach Singaraja geschleppt werden.

Auf Höhe von Tulamben brach jedoch zu viel Wasser ein, sodass das Schiff am Strand von Tulamben aufgegeben wurde, wo Balinesen es plünderten. Der auf 1963 datierte Vulkanausbruch des Gunung Agung führte zu der heutigen Position der Liberty.

Ein anderer genialer Tauchspot in Tulamben ist der Tulamben Drop-Off. Diese wunderschön bewachsene Steilwand ist nach dem Vulkanausbruch im Jahr 1963 entstanden. Freue dich auf Makrelenschwärme, Büffelkopf-Papageienfische und Riffhaie. Manchmal werden hier Hammerhaie gesichtet.

91. FÜHLE DICH WIE BATMAN IM FLEDERMAUS-TEMPEL GOA LAWAH

Der Tempel Pura Goa Lawah liegt zwischen Padangbai und Kusamba und ist nicht besonders groß, aber trotzdem einer der wichtigsten Tempel in Bali. Die religiöse Stätte ist die Heimat von tausenden Fledermäusen, die kopfüber an der Höhlendecke hängen. Ganz entspannt hören sie zu, wenn die Gläubigen beten, denn Fledermäuse sind in Bali heilig und respektiert.

Sobald es dunkel wird, verlassen die Fledermäuse ihre Höhle, um auf Nahrungsuche zu gehen. Tausende kleine Schatten schwirren dann mit bizarren Geräuschen über die Dächer des Todestempels. Warum Todestempel? Der Pura Goa Lawah ist das Zentrum für Zeremonien, die sich mit dem Tod beschäftigen. Im Tempel finden regelmäßig Verbrennungsrituale statt, bei denen die Asche von einem Priester geweiht und nach der Zeremonie zum nahegelegenen Meer gebracht wird. Sowohl in der Höhle als auch auf den Dächern des Tempels liegt eine Menge Fledermauskot, daher riecht es sehr streng.

Das ist aber nicht der einzige Grund, weshalb Balinesen und auch Touristen die Höhle nicht betreten sollen: Angeblich leben hier auch zwei riesige Pythons, die sich von den Fledermäusen ernähren. Die Balinesen glauben, dass die Höhle kilometerlang ist und einen Ausgang in der heiligen Tempelstadt Pura Besakih hat (Punkt 97). Außerdem soll sie mit ihren tausenden Fledermäusen und Schlangen eine Verbindung zur Unterwelt und damit zum Jenseits sein. Vor der Höhle findest du daher viele Opfergaben der Balinesen an ihre Verstorbenen.

92. VERBRINGE EIN PAAR TAGE IM GEMÜTLICHEN FISCHERDORF PADANGBAI

Die Ostküste Balis ist vor allem bei Tauchern und Schnorchlern beliebt. Das kleine ehemalige Fischerdorf Padangbai lockt Unterwasserliebhaber mit genialen Tauchspots (Punkt 98). Aber auch für Nicht-Taucher hat Padangbai einiges zu bieten: Du kannst dir die Sonne am White Sand Beach, einem der schönsten Strände Balis, oder in der Blue Lagoon auf den Bauch scheinen lassen.

Am White Sand Beach kannst du auch frisch gefangenen Fisch snacken und über die hohen Wellen hüpfen. Der Strand eignet sich optimal zum "Skimboarding", in der Blue Lagoon solltest du unbedingt schnorcheln gehen.

Am Nachmittag kannst du bei einem Fruit Juice im Aloha Cafe entspannen. Leckeren Fisch findest du in dem Restaurant Depot Segara - vor allem der Mahi Mahi ist hier zu empfehlen.

Am Abend triffst du in der Moonlight Bar, der Babylon Bar und der Sunshine Bar auf eine bunte Mischung aus Reisenden und Einheimischen. Hier kannst du den Tag mit Live-Musik und etwas einheimischem Reiswein (Arak) ausklingen lassen. In Padangbai befindet sich zudem die Fähre nach Lombok und es fahren die Schnellboote zu den Gili-Inseln ab. Demnach ist Padangbai für viele Reisende lediglich eine Durchgangsstation. Gib dem Ort trotzdem eine Chance und verbringe ein paar Tage in dem gemütlichen Fischerdorf.

UNTERKUNFTTIPP
Das Dharma Homestay wird von einer sechsköpfigen liebevollen Familie geführt und liegt zentral mitten im Dorf von Padangbai. Kontakt: +62-85237726000.

Ein wenig authentischer als Padangbai ist das kleine Fischerdorf Kusamba. Der Fischfang und die Salzgewinnung sind die Haupteinnahmequellen der Bewohner.

In Kusamba kannst du beobachten, wie Salz hergestellt wird, und den täglich stattfindenden Fischmarkt besuchen.

Vom Kusamba Strand kannst du bis nach Nusa Lembongan und Nusa Penida blicken. Die vorgelagerten Inseln werden regelmäßig von den Fischern aus Kusamba mit Lebensmitteln beliefert. Kusamba liegt 20 Minuten von Padangbai entfernt.

93. GENIESSE MEDITATION, YOGA UND AKUPUNKTUR IM ASHRAM

Das Gedong Gandhi Ashram in Candidasa ist ein wundervoller Ort zum Wohlfühlen und Runterkommen (Tipp von Hella Binder, Autorin bei Indojunkie). Hier kannst du in den dazugehörigen Bungalows wohnen, im Ashram meditieren, Akupunktur-Behandlungen wahrnehmen, Yoga praktizieren, vegetarisch essen und vor allem ganz viel Kraft tanken. Die Eigentümer des Ashrams stammen aus der königlichen Familie von Amlapura und finanzieren mit den Einkünften aus dem Ashram soziale Projekte.

Auch wenn du nicht direkt im Ashram wohnst, kannst du an den täglichen Yogaklassen teilnehmen, Retreats werden hier ebenfalls angeboten.

Während der Yoga-Praxis mit dem holländischen Yogi Kawi und dem balinesischen Yogi Ahimsaka Satya schaust du aufs Meer und hörst die Wellen brechen.

Für externe Yogis werden die Drop-In-Yogaklassen und Akupunktur-Behandlungen mit 50.000 Rupiah berechnet (Stand: 2015). Die Bungalows solltest du unbedingt reservieren, denn diese sind oftmals ausgebucht. Weitere Ashrams auf Bali: Ghandi Puri Ahsram Klungkung und Petulu Ashram.

94. HALTE DIE LUFT AN BEIM FREEDIVING

Freediver schaffen es, mehrere Minuten die Luft anzuhalten und ohne jegliches Equipment die wunderbare Unterwasserwelt zu erkunden. Freediving ist eine intensive Erfahrung und gleichzeitig eine körperliche Herausforderung, hier wirst du mit Sicherheit deine eigenen Grenzen kennenlernen. Bali ist der perfekte Ort, um ein Gefühl für das freie Tauchen zu bekommen.

Die körperliche und psychische Herausforderung, bewusst tiefer und tiefer ins Wasser zu tauchen, wird dich in deinem Leben um einiges mutiger machen. Und wenn du die Angst erstmal besiegt hast, fühlst du dich einfach nur noch frei.

Fürs Freediving brauchst du nicht viel: Eine Tauchmaske, einen Schnorchel, einen Gürtel mit Gewichten, ein Wetsuit und extralange Flossen.

Wenn du ein Freediving-Neuling bist, solltest du unbedingt einen Kurs absolvieren, in dem du in Theorie und Praxis alles lernst, was du über das freie Tauchen wissen musst. Von Atemübungen bis zur Buddyrettung ist alles dabei. Es gibt auf Bali einige Freediving-Schulen. Unser Tipp: Fusion Freediving in Amed und Sanur.

95. TAUCHE MIT MENSCHEN AUS STEIN UND FÜHLE DICH WIE IN ATLANTIS

Laut dem Philosophen Platon gab es ein Inselreich mit dem Namen Atlantis, welches durch Fluten und Erdbeben versunken ist. Bilder und Fantasien ranken sich um diese geheimnisvolle Stadt und bis heute weiß man nicht, ob Atlantis je existiert hat.

Künstler haben in der ganzen Welt und auch auf Bali beeindruckende Unterwasser-Galerien aufgebaut, die an das mystische Atlantis erinnern. Die Skulpturen sind Kunstwerk und Mahnmal zugleich. Gruppen von Menschen aus Stein stehen unter Wasser, unterhalten sich oder blicken in Richtung eines Fahrrads, das in einem eingewachsenen Fahrradständer auf sie wartet.

Die Künstler denken bei diesem Projekt aber nicht direkt an Atlantis, sondern daran, wie wichtig der Ozean ist und wie wir ihn beschützen können. Es geht um Eco-Tourismus und das nachhaltige Erforschen der Meere. Denn der Mensch wirkt unter Wasser deplatziert und surreal. Trotzdem stellt er die größte Gefahr für unsere Ozeane dar. Der Müllberg, der im Nordpazifik treibt, hat mittlerweile die Größe von Zentraleuropa erreicht. Etliche Tiere sterben an verschlucktem Plastik und die Zukunft sieht nicht gerade rosig aus. Denn Plastik braucht 350 bis 400 Jahre, um sich abzubauen.

Die lokale Bevölkerung in Indonesien lebt seit jeher im Einklang mit dem Ozean. Sie erzielt ihr Einkommen durch Fischerei und seit einigen Jahren auch durch den Tourismus. Viele Taucher und Schnorchler kommen wegen der wunderschönen Korallengärten auf die Insel. Korallen sind die "Regenwälder der Meere" und ein wichtiger Bestandteil des marinen Ökosystems. Die lebenden Organismen bieten vielen Fischarten ein Zuhause. Wenn Korallen durch Müll und Dynamitfischen zerstört werden, verlassen die Fische ihre Heimat und die einheimische Bevölkerung verliert ihre Lebensgrundlage.

Immer mehr Menschen auf Bali schützen die Unterwasserwelt, und auch du kannst deinen Teil dazu beitragen! Versuche, so wenig Plastik wie möglich zu kaufen, und erkundige dich, ob deine Unterkunft nachhaltig und umweltfreundlich agiert.

Sogenannte EcoResorts greifen beim Bau nicht zu sehr in die Natur ein, servieren Getränke nicht in Plastikflaschen und arbeiten mit nachhaltigen Materialien. Du findest Unterwasserskulpturen wie die wunderschöne Meerjungfrau von Pemuteran vor allem rund um Amed im Nordosten Balis. Frage einfach in einer Tauchschule vor Ort nach!

96. GEHE AN DEINE GRENZEN UND BESTEIGE DEN GIPFEL DES HEILIGEN GUNUNG AGUNG

Es gibt wohl keinen schöneren Weg, den Spirit von Bali zu spüren, als den Gipfel des heiligen Gunung Agung zu besteigen. Der Gunung Agung ist ein aktiver Vulkan und mit über 3142 Metern der höchste Berg Balis. Zuletzt ist er im Jahr 1963 ausgebrochen. Der Gunung Agung wird von den Balinesen als Mittelpunkt der Welt angesehen, deshalb wurde auch die gigantische Tempelstadt Pura Besakih (Punkt 97) am südwestlichen Hang des Berges gebaut.

Der Aufstieg hat es in sich und man sollte körperlich fit sein, wenn man die steilen Pfade erklimmen möchte. Organisiere dir am besten im Voraus einen Guide. Du startest bei der langen Tour nachts zwischen 23:00 und 0:00 Uhr, um pünktlich zum Sonnenaufgang den wunderbaren Blick über die Wolken genießen zu können. Es gibt drei verschiedene Möglichkeiten für den Aufstieg:

Die anstrengendste Route startet südwestlich, an der Tempelstadt Pura Besakih. Du erreichst den Gipfel des Gunung Agung in einer schweißtreibenden Wanderung nach sechs bis acht Stunden. Oben angekommen, kannst du über den Wolken die Sonne beobachten, die ganz langsam hinter dem Gunung Rinjani in Lombok aufgeht. Ein magischer Moment!

Die zweite Möglichkeit, den Gipfel zu erreichen, verläuft über eine Route südwestlich des Gunung Agung. Du startest etwas höher im Bergdorf Sebudi und erreichst den Gipfel nach ungefähr vier bis sechs Stunden.

Am leichtesten hast du es auf der südlichen Route, hier startest du beim Tempel Pura Pasar Agung. In ungefähr zwei bis drei Stunden wanderst du zunächst durch ein Waldstück und später über versteinerte Lava. Du kommst bei dieser Route nicht am Gipfel an, sondern rund 100 Meter darunter, die Sicht ist aber auch von hier wunderschön.

Nimm dir genug Wasser, eine warme Jacke und vor allem gute Wanderschuhe mit. Eine Kopflampe macht dir den Aufstieg leichter.

GUIDETIPP
www.balivolcanotrekking.com

97. BESUCHE DIE TEMPEL-STADT PURA BESAKIH

Pura Besakih ist der wichtigste und größte hinduistische Tempel am Fuße des heiligen Berges Gunung Agung. Nachmittags ist es rund um den Tempel oft bewölkt, daher solltest du am besten frühmorgens zur Tempelstadt kommen. Leider ist diese heilige Stätte mittlerweile eine Touristenattraktion geworden. Stelle dich auf etliche Souvenirstände und eine Horde von Indonesiern ein, die dich gerne als Guide begleiten möchten.

Fakt ist, Du brauchst keinen Guide, um in den Tempel zu kommen. Wenn du trotzdem gerne Hintergrundinformationen möchtest, dann verhandel gut und achte darauf, dass dein Guide etwas Englisch sprechen kann. Denke daran, ein langes Shirt und einen Sarong einzupacken, falls du den Tempel betreten möchtest! Andernfalls kannst du diese gegen ein entsprechendes Entgelt leihen. Wenn du dich bis zum Haupteingang durchgeschlagen hast, beginnt der faszinierende Teil deiner Besichtigung. Denn Pura Besakih ist kein einzelner Tempel, sondern eine ganze Tempelstadt! Die Anlage wurde vermutlich im 8. Jahrhundert n. Chr. erbaut und besteht aus etlichen Tempeln sowie über 200 verschiedenen Bauten. Die Gebäude sind terrassenförmig am Hang angeordnet und über Treppen und Pfade miteinander verbunden.

Für die regelmäßigen Tempelzeremonien hüllen sich die Balinesen in weißes Gewand und Kopftuch. Fast täglich kannst du beobachten, wie sie mit Opfergaben die Stufen der Steintreppe zur Anlage erklimmen. Jeder Balinese rund um Pura Besakih gehört einem Clan an, der seinen eigenen Bereich in der Tempelstadt hat.

98. LERNE TAUCHEN IN PADANGBAI

Padangbai ist ein perfekter Ort zum Tauchenlernen. Da sich hier viele Tauchschulen niedergelassen haben, sind die Preise für den Tauchschein günstiger als in vielen anderen Gegenden Balis. Für die SSI oder PADI Open Water License musst du mit ungefähr 350 Euro rechnen.

In Padangbai hast du den Tauchspot Blue Lagoon direkt vor der Haustür, welcher aufgrund der geringen Tiefe optimale Bedingungen für Tauch-Newbies bietet. Andere beliebte Tauchplätze rund um Padangbai sind Channel, Templegarden, Jetty, Bias Tugal, Tanjung Sari oder Tanjung Jepun. Der Jetty Tauchspot hat eine maximale Tiefe von 15 Metern und ist demnach ein weiterer guter Platz für Unterwasser-Neulinge. Hier kann die Strömung jedoch manchmal etwas stärker sein. Was du in Padangbai unter Wasser sehen wirst?

Viele Oktopusse, Sepien, Krebse, bunte Schnecken und einige Rochen werden dich auf deiner Ausbildung begleiten. Sogar Riffhaie werden rund um Padangbai häufiger gesichtet. Die Blue Lagoon eignet sich übrigens wunderbar für Nachttauchgänge.

Nach den langen Tagen voller Tauch-Theorie und -Praxis kannst du dich dann am Abend in den drei kleinen Reggae-Bars (Punkt 92) mit einem kühlen Getränk belohnen.

Wenn du nun mit dem Tauchschein in der Tasche ein Unterwasser-Abenteuer suchst, ist Nusa Penida (Punkt 48) mit dem bekannten Manta Point nicht weit. Die Tauchschulen in Padangbai steuern mit Speedboats die fantastischen Spots rund um Nusa Penida regelmäßig an. Und jetzt heißt es Abtauchen!

TIPP TAUCHSCHULE
Unter deutscher Leitung:
Paradise Diving Bali Padangbai
Waterworx Dive Center Padangbai

Unter lokaler Leitung:
Padangbai Bali Dive, Wayan Darta

99. ÜBERNACHTE IN TRADITIONELLEN LUMBUNGS

Während deines Aufenthalts in Karangasem solltest du unbedingt im wundervollen Homestay Lumbung Damuh vorbei schauen. Was dich hier erwartet? Eine fünfköpfige gastfreundliche Familie, ein Wohnhaus mit Hängematte und Community Space, vier Lumbungs, eine Bambushütte, vier Angestellte, Hunde, Katzen und ein Kaninchen - also das typisch balinesische Leben. Lumbungs sind traditionelle Reisscheunen auf Stelzen mit natürlichem Grasdach. Es gibt insgesamt vier solcher Lumbungs, jeweils mit eigenem Charakter. Zwei davon mit Strandblick und die anderen zwei dahinter sind im grünen Garten-Dschungel gelegen. Das Land auf dem die Lumbungs heute stehen, gehörte einst dem Urgroßvater von Lempot.

Tania, halb deutsch, halb niederländisch, ist die Besitzerin der Lumbungs und hat das Land als lokale Müllhalde vorgefunden. Sie dachte sich, dass der alte Damuh sicherlich sehr traurig gewesen wäre, sein Land in diesem Zustand zu sehen und fühlte sich durch seinen Geist dazu berufen, das Stück Land zu entrümpeln und aufzuräumen. Lempots Bruder war es, der sagte, dass dort etwas entstehen müsse, da die Menschen sonst weiterhin ihren Müll entsorgen werden.
So wurde dieser Ort nicht nur aufgeräumt, sondern auch repariert und in seinen Urzustand der absoluten Schönheit zurückversetzt. Tania ist der kreative Kopf der Bande.

Sie ist international, liebt Mutter Erde und spricht fünf Sprachen fließend. Ihr Mann Lempot, den sie vor 17 Jahren im Dorf Buitan kennenlernte, ist ein balinesischer Surferdude und Papa von ihren drei Kindern. Lumbung Damuh ist ein Familienbetrieb durch und durch, daher sind die Angestellten ebenfalls Familienmitglieder. Lempots Eltern leben um die Ecke, sein Vater ist Fischer und Taucher und seine Mama betreibt einen Laundry-Service. *(Text von Anna-Carina Kruse)*

100. BESICHTIGE DIE PALÄSTE VON AMLAPURA

Mache eine Tour in die Gegend von Amlapura, die einst zu den reichsten Regionen Balis zählte. Neben wunderschönen Reisterrassen kannst du den beeindruckenden Wasserpalast Tirthagangga besichtigen. Die Anlage ist umgeben von Teichen, Lotusblumen, Steinskulpturen, Springbrunnen und einer Art „Freibad" mit Wasser aus heiligen Quellen. Durch einen Ausbruch des Gunung Agung wurde der Palast 1963 komplett zerstört und wieder aufgebaut. Wenn du schon mal da bist, dann schau dir auch den Fürstenpalast Puri Agung Kanginan und den Wasserpalast Taman Ujung an, die gegen eine kleine Gebühr betreten werden können. Letzterer vereint balinesische, chinesische und europäische Architektur.
Zum Sonnenuntergang ist es hier besonders schön. Tipp: Klettere über die vielen Treppen zum Aussichtspunkt.

101. GENIESSE DIE RUHE IN DEN REISFELDERN RUND UM SIDEMAN

Eine inspirierende Oase inmitten von Reisfeldern ist die Gegend rund um Sideman in
Ost-Bali. Bleibe eine Weile hier, um die Ruhe
zu genießen und Kraft zu tanken. Sideman
ist nicht nur für die saftig-grünen Reisfelder
bekannt. Viele Künstler und Studenten kommen jedes Jahr hierher, um sich inspirieren
zu lassen. Wovon? Erfahre es am eigenen
Leib! Es gibt Unterkünfte in den verschiedensten Preiskategorien in Sideman.
Wenn du dir etwas gönnen möchtest, dann
verbringe ein paar Nächte im Samanvaya,
einer wundervoll gelegenen Anlage inmitten
der Reisfelder.

KONTAKT SAMANVAYA
+62 821-4710-3884

© Katja Denser

NORD BALI

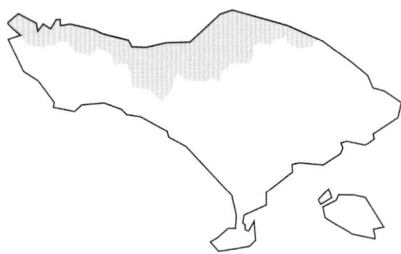

Der nördliche Teil von Bali deckt fast ein Drittel der Insel ab. Die Strände des ruhigen Nordens überraschen mit tief-schwarzem Lavasand. Das Meer ist sanft und ruhig und eignet sich demnach wunderbar zum Schwimmen, Schnorcheln und Tauchen. Wellen zum Surfen sucht man hier vergeblich. Die einst niederländische Hauptstadt Balis, Singaraja, ist die zweitgrößte Stadt der Insel und befindet sich im östlichen Teil Bulelengs.

Lovina ist die touristische Hochburg des Nordens und eine gute Ausgangsstation für Touren in die Umgebung.
Reisende können in Buleleng unzählige heiße Quellen, Klöster, Wasserfälle und Tempel entdecken. Die Insel Menjangan bietet optimale Tauchbedingungen mit stark bewachsenen Steilwänden. Zudem findest du den einzigen Nationalpark der Insel im tiefen Nord-Westen, wo vor einigen Jahrzehnten noch Königstiger durch die Wälder zogen.

102. PLANSCHE IN DEN WASSER-FALLEN RUND UM SINGARAJA

Lovina ist ein kleiner verschlafener Küstenstreifen im Norden von Bali. Der schwarze Aschestrand wirkt zu Beginn nicht so einladend, aber Lovina hat Charme, wenn du der Gegend eine Chance gibst. Du kannst dich in verschiedenen Orten einnisten - zum Beispiel in Banyualit, Pemaron, Tukad Mungga, Kaliasem, Temukus, Anturan oder Kalibukbuk. In Kalibukbuk ist am meisten los. Anturan lockt Reisende mit zwei entspannten Bars am Strand, in denen du Live-Musik mit Sand zwischen den Zehen lauschen kannst. Trinke abends einfach ein kühles Bier in der Rasta-Bar und lass den Trubel des Südens hinter dir. Die Sonnenuntergänge sind hier wunderschön.

In Lovina wird dich jeder zweite Local auf die bekannten Delfintouren ansprechen. Wir halten nicht viel von der schwachsinnigen "Delfinjagd", da die Tiere hier einem immensen Stress ausgesetzt werden. Stattdessen kannst du mit deinem Roller die Umgebung Lovinas und die imposanten Wasserfälle erkunden. Mache beispielsweise eine Tour zu dem wunderschönen Air Terjun Sekumpul. Nach einer spannenden Reisfeldwanderung landest du mitten im Dschungel und kannst diesen majestätischen Wasserfall erleben. Aber rund um Lovina gibt es noch viel mehr Wasserfälle, von denen jeder etwas Besonderes und Einzigartiges besitzt. Finde es bei deiner Entdeckungstour selbst heraus.

Mache beispielsweise einen Abstecher in die Sambangan-Gegend. Hier warten sieben Wasserfälle auf dich. Schaue zuerst beim Aling Aling vorbei, welcher 20 Minuten von Lovina entfernt liegt. Den 16 Meter hohen Pucuk findest du ganz in der Nähe, wie auch den 12 Meter hohen Kembar, den Kroya, den Canging, den Dedari und den Cemara. Am Aling Aling kannst du sogar von den Felsen springen. Aber vorher unbedingt klären, wo und wie! Wenn du sicher gehen willst, dass du die Wasserfälle auch findest, solltest du einen Guide buchen.

GUIDETIPP

www.alam-amazing-adventures.com/secret-of-sambangan-trekking.php

Folgende Wasserfälle in der Singaraja Gegend sind eher unbekannt - hier kann es sein, dass du der einzige Reisende bist, der im Wasser planscht: Banyumala, Blemantung, Sing-Sing, Bertingat, Yeh Mempeh, Puncak, Colek Pamor, Lemukih oder Jembong. Bedenke, dass Wasserfälle in der Trockenzeit immer weniger spektakulär sind, als in der Regenzeit.

Tipp: "Air Terjun" bedeutet Wasserfall auf Indonesisch. Wenn du die Wasserfälle nicht findest, kannst du dich folgendermaßen durchfragen: "Dimana Air Terjun XY?" Das bedeutet soviel wie "Wo ist der Wasserfall mit dem Namen XY?"

103. LERNE ALLES ÜBER DIE HAHNENKAMPF-TRADITION BALIS

Der Hahnenkampf ist Hobby, Sucht, Statussymbol und Lebensinhalt für viele balinesische Männer. Europäer bezeichnen diese Tradition häufig als moralisch fragwürdig, sie ist jedoch ein uraltes Ritual, die bis heute vielerorts auf Bali praktiziert wird.

Zwei Hähne kämpfen auf provisorisch eingerichteten Kampfplätzen oder in richtigen kleinen Arenen gegeneinander. Dabei spielt ihr natürliches Revierverhalten eine große Rolle. Denn Hähne dulden keinerlei männliche Konkurrenz in ihrer Nähe. An den Füßen der Hähne werden scharfe Messer angebracht. Nach dem Zusammentreffen wird gekämpft bis zum bitteren Ende eines, oder manchmal beider Kontrahenten. Es reicht jedoch auch aus, wenn eines der Tiere so verletzt ist, dass es freiwillig den Kampf aufgibt. Meistens finden mehrere Kämpfe an einem Tag statt.

Vor jedem dieser Spektakel wird Geld auf den Gewinner gesetzt. Dessen Besitzer erhält einen Teil des Wettgewinns und den erlegten Hahn des Gegners. Das Tier wird nach dem Kampf in einer Suppe serviert. Viele Balinesen glauben, dass beim Verzehren dieser Suppe die Kraft des Gewinners auf den Menschen übergehen kann. Wirklich gut schmeckt das Fleisch jedoch nicht. Aufgrund der sehr starken Muskelbildung der Tiere ist es ziemlich zäh.

Der Ursprung dieses Rituals bestand eigentlich darin, vor Zeremonien die bösen Geister mit Hahnenblut in die Flucht zu schlagen, damit diese die Zeremonien nicht stören. Daher sieht man auch häufig Kämpfe hinter Tempelmauern. Diese rituellen Kämpfe wurden offiziell als legal erklärt. Heutzutage finden die meisten Kämpfe jedoch ohne religiösen Hintergrund und damit illegal statt. Sie werden mit einem zugedrückten Auge von der lokalen Polizei toleriert.

Wie sehen die Wettregeln aus? Du setzt eine bestimmte Summe, z.B. 50.000 Rupiah, auf den Hahn, der deiner Meinung nach gewinnen wird. Wenn du auf den falschen Hahn gesetzt hast, ist das Geld weg. Wenn du gewonnen hast, bekommst du 90.000 Rupiah. Denn ein kleiner Anteil geht an den „Veranstalter" und an den Besitzer des Gewinnerhahns, der Einsatz wird also knapp verdoppelt. Beim Wetten setzen die Männer meist unverhältnismäßig hohe Summen. Es gibt viele Balinesen, die sich durch die häufige Teilnahme an diesem Ritual sehr hoch verschuldet haben. Manche Männer wetten nach dem Mondkalender. Sie glauben beispielsweise, dass Hähne mit grauen Füßen nur an bestimmten Tagen des balinesischen Mondkalenders gewinnen können. Ansonsten urteilt man nach dem Aussehen des Hahns, nach dessen aggressivem Auftreten vor dem Kampf oder seiner bisherigen „Kampfkarriere". Das laute Krähen der meist wunderschönen Tiere kann man den ganzen Tag überall auf der Insel vernehmen. Die Hähne werden in glockenförmigen

Flechtkörben gehalten und bekommen täglich große Mengen an Muskel- und Kraftfutter. Frei könnten sie nicht sein, da das Revierverhalten die Hähne nicht nebeneinander existieren lassen würde.

Hahnenkämpfe finden täglich irgendwo in Bali statt, vielleicht stößt du einmal zufällig dazu. Wenn du mehr darüber lernen möchtest, frage am besten einen männlichen Balinesen, ob er weiß, wo ein solcher Kampf stattfindet. „Saya mau lihat sabung ayam. Dimana itu besok?" (Ich möchte einen Hahnenkampf sehen. Wo ist morgen einer?)

104. PROBIERE MANGGIS, SALAK, DURIAN & CO.

Auf dem Weg nach Singaraja ist der Obst- und Blumenmarkt in Bedugul ein Besuch wert. Auf dem Candikuning-Markt findest du jede Art von Gewürzen und Früchten. "Candi Kuning" bedeutet auf Indonesisch übrigens "gelber Tempel". An vielen bunten Verkaufsständen kannst du Vanilleschoten, Pfeffer, Chili und viele andere Gewürze kaufen. Die Gewürze und das ebenfalls feilgebotene Kunsthandwerk eignen sich super als Souvenir für Freunde und Familie. Auf dem Candikuning-Markt kannst du außerdem dein indonesisches Früchte-Know-How auffrischen. Hast du schon eine (nicht so gut riechende) Durian probiert? Wie sieht es aus mit der Schlangenfrucht Salak, der haarigen Rambutan, der unglaublich gesunden Sirsak oder der köstlich-süßen Manggis? Diese Früchte findest du in Europa nur selten und dabei schmecken sie so köstlich! Aber Achtung: Die Preise für Touristen sind oftmals um ein Vielfaches höher als der eigentliche Preis! Lerne die Zahlen in indonesischer Sprache, dann kannst du am Markt verhandeln und Indonesich üben.

105. UNTERNIMM EINE CITY-TOUR NACH SINGARAJA

Singaraja ist die größte Stadt im Norden von Bali. Übersetzt heißt die Stadt „Löwenkönig" und sie hat während der niederländischen Kolonialzeit einiges an Geschichte miterlebt. In Singaraja triffst du selten auf Touristen. Falls dich jedoch die zweitgrößte Stadt der Insel interessiert, solltest du den großen Markt „Pasar Sentral" besuchen. Hier findest du alles, was du fürs tägliche Leben brauchst. Am besten kommst du sehr früh morgens oder am späten Abend. Probiere hier vor allem die leckeren lokalen Reisküchlein "Jajan".

Und wie wäre es dann noch mit einem Ausflug zu dem Tempel Dalem Jagaraga? Nimm dir für deinen Besuch einen Guide, damit du über die Hintergründe des Tempels aufgeklärt werden kannst.

Falls du Entspannung brauchst, solltest du eine Massage oder Gesichtsbehandlung in einem der vielen lokalen Spas in Singaraja ausprobieren.

Und am Abend trifft sich die Jugend am Pantai Penimbangan. Hier wird zu Fruit Juice (jus) und gegrilltem Brot (roti bakar) gequatscht und gejammt, und das direkt am Wasser. Eine wunderbar entspannte und authentische Atmosphäre. Am besten ist der Nachtmarkt mit dem Roller zu erreichen.

106. BADE IN WARMEN QUELLEN UND BESICHTIGE BUDDHISTISCHE KLÖSTER

In der Nähe von Lovina kannst du eine heiße Quelle mitten im Dschungel besuchen (knapp neun Kilometer von Lovina Beach entfernt). Die Quelle ist einfach zu finden, indem du dich durchfragst („Air Panas Banjar"). Alternativ fahren auch Minibusse, genannt Bemos, dorthin. Am Wochenende kann es hier ziemlich voll werden, sei also am besten richtig früh am Morgen dort – dann hast du die Becken für dich alleine und musst sie nicht mit anderen Touris teilen.

Das „heilige", schwefelhaltige Wasser ist vulkanischen Ursprungs, die Temperatur liegt bei 37 Grad. Lass dich nicht von der Farbe und dem Geruch irritieren, denn die Inhaltsstoffe machen das Wasser besonders heilend.
Man sagt, es helfe gegen Rheuma und Verspannungen. Viele Balinesen kommen für Zeremonien hierhin.

Auf dem Weg zu der heißen Quelle passierst du außerdem ein aktives buddhistisches Kloster, das Brahma Vihara Ashrama. Häh? Aber Bali ist doch hinduistisch. Stimmt. Was macht denn dann ein gigantischer buddhistischer Tempel hier? Lass dir diese Geschichten von Locals vor Ort erzählen und genieße den Ausblick vom Tempel, von dem aus du über Reisfelder bis zum Meer schauen kannst. Denk aber an deinen Sarong, wenn du das Kloster betreten möchtest! Der Tempel hat eine verblüffende Ähnlichkeit zum Borobudur Tempel auf der Insel Java.

107. WAGE DICH ZUM CANYONING AM GIT-GIT-WASSERFALL

Wenn du durch Lovina schlenderst, wirst du ständig auf den Git-Git-Wasserfall angesprochen, der auch dementsprechend überlaufen ist. Aber wer nach etwas Adrenalin sucht, wird beim Canyoning an dem 35 Meter hohen Wasserfall trotz der vielen Touris auf seine Kosten kommen. Du kannst eigenständig zum Git-Git wandern, da der Weg sehr gut ausgebaut ist.

108. ERKUNDE DIE NATUR VON MUNDUK

Du bist in der Gegend von Munduk? Dann schnapp dir einen Roller und erkunde die angenehm kühle Umgebung mit all ihren Reis-, Kaffee-, und Nelkenfeldern. Die Munduk-Nelken werden massenweise für die

Produktion der indonesischen Nelkenzigaretten genutzt. Die Temperatur der Region ist eine wunderbare Abwechslung zu den Hitzekesseln im Süden von Bali. Schon die Holländer haben während der Kolonialzeit Munduk als Wochenend-Oase genutzt.

Was du rund um Munduk machen kannst, außer Nelken- und Kaffeeplantagen zu besuchen? Wandere zu dem 25 Meter hohen Wasserfall Air Terjun Tanah Barak oder dem 30 Meter hohen Air Terjun Munduk. Das Wasser soll Schwefel enthalten und die Haut verjüngen sowie Hautprobleme heilen. Keine Lust auf Wasserfälle? Dann fahre zu den Seen Danau Bratan, Danau Buyan und Danau Tamblingan (Punkt 83). Direkt im Danau Tamblingan befindet sich der Tempel Pura Gubug. Wenn die Lichtverhältnisse passen, kannst du hier mystische Fotomotive festhalten.

Erkundige dich außerdem in deiner Unterkunft nach schönen Wander- und Trekkingrouten in der Gegend rund um Munduk.

109. BESUCHE TEMPEL UND KORALLENZUCHT-ANLAGEN IN PERMUTERAN

Permuteran liegt auf dem westlichen Arm von Bali, in der Nähe des Taman Nasional Bali Barat. Hier haben sich viele Tauchschulen angesiedelt, die Tauchausflüge zu den nord-westlichen Spots der Insel organisieren. Auch für Nicht-Taucher gibt es einiges

zu entdecken. Wenn du dich hier einnistest, solltest du den Melanting Tempel am Fuße des Berges Pulaki besuchen. Die Anlage ist beeindruckend und hat eine lange und interessante Historie. Lass sie dir von einem Guide vor Ort erzählen. Wenn du nach dem Melanting Tempel noch nicht genug hast, kannst du gleich darauf auf den Puncak Manik Tempel steigen. Steigen? Oh ja! Denn der Tempel befindet sich am Ende einer scheinbar unendlichen Reihe von Stufen. Oben angekommen, wirst du jedoch mit einem gigantischen Blick belohnt.

Wenn du dich für die Unterwasserwelt Balis interessierst, solltest du die Bio-Rock-Anlage in Permuteran besuchen. Die Jungs vom Projekt versuchen, gegen das Korallensterben anzukämpfen, indem sie Drahtgestelle auf dem Meeresgrund platzieren, damit hier neue Korallen gedeihen können. Die Bio-Rock-Anlage ist eine unterstützenswerte Initiative zur Korallenzucht. Schau vorbei, lass dir das Projekt persönlich erklären und checke die Korallenzucht natürlich auch unter Wasser ab.

110. VERLIERE DICH IM TAMAN NASIONAL BALI BARAT

Es gibt nur noch einen Nationalpark auf Bali, und das ist der „Taman Nasional Bali Barat" (dt. Nationalpark Westbali), der erst 1983 gegründet wurde. Früher gab es hier noch Königstiger und viele Exemplare des seltenen Balistars. Heutzutage sind Tiger auf

Bali natürlich ausgestorben und der Balistar existiert fast nur noch als Zuchtvogel. Trotzdem kommen Vogelliebhaber in diesem Nationalpark voll auf ihre Kosten.

Was es hier sonst noch gibt? Affen, Wildschweine und Schlangen. Du solltest einen Guide haben, um den Park richtig entdecken zu können. In der Rangerstation in Labuhan Lalang kannst du dich nach einer Führung erkundigen. In der Nähe des Nationalparks, in Gilimanuk, befindet sich der Strand Karang Sewu mit seinem langen Steg ins Wasser. Dieser Strand hat sein ganz eigenes Flair. Schau doch mal vorbei.

 Lesetipp: *Reise-Guides in Indonesien*

111. TAUCHE ODER SCHNORCHLE AUF DER INSEL MENJANGAN

Nordöstlich des Nationalparks "Taman Nasional Bali Barat" liegt die kleine Insel Pulau Menjangan, die für ihre Unterwasserwelt bekannt ist. Hier kannst du wunderbar an Steilwänden tauchen und schnorcheln und ein paar Tage entspannen. Zum Beispiel an dem besonderen Tauchspot "Bat Cave Drop-off", einer riesigen Steilwand, wartet hervorragendes Strömungstauchen auf dich.
Auf der Insel kannst du außerdem Vögel beobachten oder den Dschungel beim Wandern oder auf dem Rücken eines Pferdes erkunden. Tipp: Gehe mit einem Guide, denn er kennt sich aus und du kannst dich auf die Natur konzentrieren. Die Insel Menjangan liegt in einem Wasserschutzgebiet, weshalb du eine Genehmigung zum Tauchen brauchst. Diese erhältst du im Hafen von Labuan Lalang. Von dort aus kommst du auch am besten zur Insel. Bring Getränke und alles, was du brauchst, mit - denn auf der unbewohnten Insel gibt es keine Läden oder sonstigen Möglichkeiten, etwas einzukaufen.

112. TAUCHE FAST ALLEINE IM MAGISCHEN WALD

Ganz alleine tauchst du in Penyabangan. Noch nie gehört? Kein Wunder, denn über diesen Ort spricht kaum jemand. Dabei ist die Gegend eine absolute Perle für Taucher. Im North Bali Dive Center kannst du tagelang die unzähligen Hausriffe austesten. Besonders schön sind die Spots „Magic Forest" und „Ships' Graveyard". Die Gegend beheimatet viele unterschiedliche Korallen- und Fischarten. Freue dich auf Papageienfische, Kugelfische, Kofferfische, Skorpionfische, Drachenköpfe, Seepferdchen und ganz viele Nacktschnecken.

Muck-Fans kommen direkt am Hausriff oder an dem etwas weiter entfernten Spot „Secret Bay" auf ihre Kosten. Und dann wäre da noch „Puri Jati", ein wahres Eldorado für Muck-Lover. Direkt neben dem North Bali Dive Center befindet sich eine Perlenzuchtfarm. Hier kannst du die wichtigsten Fakten rund um die Perlenzucht erfahren.

Von der Tauchbase ausgehend beobachtest du das tägliche Business der Perlenfarm-Arbeiter. Die Tauchbase führt zudem den Aufbau eines künstlichen Riffs durch. Zwischen dem Haussteg und einem versenkten Wrack wurden hier Türme errichtet, um Jungfischen Rückzugsmöglichkeiten zu bieten. Diese Konstruktionen kannst du betauchen und dabei viel über künstliche Riff-Projekte erfahren. Du hast keinen Tauchschein? Kein Problem! Schnorcheln geht immer, auch hier.

WEST BALI

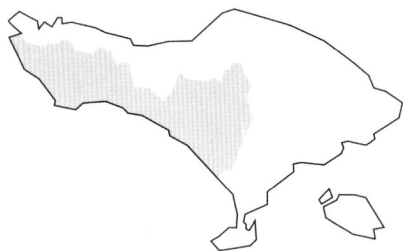

Die Regionen Tabanan und Jembrana ziehen sich von Zentral- bis West-Bali. Die meisten Touristen besuchen diese Gegend aufgrund der beeindruckenden Reisterrassen von Jatiluwih und dem zweitgrößten Berg der Insel, dem Gunung Batukaru. Dass Tabanan das Zentrum der Gamelan- und Tanzkultur Balis darstellt, wissen viele Reisende nicht.

Die ruhigen Örtchen Balian und Medewi locken vor allem Wellen-Liebhaber. In Medewi gehört der Großteil der Bevölkerung dem Islam an. Was die Gegend rund um Tabanan sonst noch zu bieten hat? Erfrischende Wasserfälle, saftige Reisfelder, einen riesigen See, chaotische Märkte, authentische Ortschaften und traditionelle Büffelrennen.

113. SURFE DIE LÄNGSTE LINKE WELLE BALIS IN MEDEWI

Wenn du in Medewi unterwegs bist, wirst du mehrmals am Tag den Muezzin zum Gebet rufen hören. Der Großteil der Bevölkerung entlang der Hauptstraße gehört dem Islam an, anders als im übrigen, hinduistisch geprägten Bali. Der Freitag ist demnach ein wichtiger Tag für die Bewohner Medewis. Vom Warung Jawa Muslim Banyuwangi kannst du am Freitagmittag direkt gegenüber der Moschee "Masjid Jami Alakmal", das Freitagsgebet, aus der Ferne beobachten.

Reisende kommen aber vor allem nach Medewi, um die längste linke Welle Balis zu surfen. Selbst als Anfänger kannst du hier an guten Tagen einen Ritt von 150 bis 300 Metern genießen. Medewi ist der nördlichste Break an Balis Westküste und liegt in Pekutatan, in der Jembrana Regency. Der Strand ist kein normaler Sandstrand, sondern steinig, aber dafür gibt es auch kein scharfes Riff. Du solltest dir auf jeden Fall Booties zum Surfen ausleihen. Die vielen Steine machen das Rausgehen zudem zu einer glitschigen Angelegenheit. Surfer aller Levels können hier Spaß haben und am besten in der Trockenzeit bei Mid und High Tide surfen. Surfcamps wie das Brown Sugar bringen ihre Schüler auch gerne an den Anfängerstrand in der Nähe des Puri Dajuma Beach Eco-Resorts, der vom Strand aus gesehen weiter links liegt. Vorteil: Es gibt sandigen Untergrund und keine Steine.

Wenn du nach dem Surfen so richtig durchgeknetet werden möchtest, schau mal bei den Brüdern Maryano und Ugis vorbei. Beiden wird nachgesagt, dass sie „magische Hände" haben und mit der Kraft Allahs deine Beschwerden lindern können. Wir haben es ausprobiert und mit einer Mischung aus Knoblauch, Gebeten und Kneten wurden unsere fiesen Verspannungen tatsächlich ein wenig gelöst. Aber bilde dir selbst dein Urteil. Du findest die beiden im Medewi Surf Homestay. Günstigere Massagen bekommst du direkt am Medewi Beach bei den Strandladies.

In der Bamboo Terrace direkt am Medewi Strand kannst du deinen Surftag wunderbar bei Gemüsecurry, Bintang und Surffilmen ausklingen lassen. Ein wundervoller Ort!

SURFGUIDE TIPP
Ayolah Surfing West Bali, Ali Rahman, +62-87860588785

SURFCAMP TIPP
Das Brown Sugar Surfcamp ist Balis einziges Surfcamp mit eigenem Sandstrand: Aufwachen mit Meerblick, Wellenreiten vor der Haustür, am Pool inmitten malerischer Reisfelder die Seele baumeln lassen, entspannen bei einer Massage und einschlafen zu Meeresrauschen. Brown Sugar Camp, +62-81916391970

UNTERKUNFTSTIPP
Medewi Surf Homestay: In den Gartenbungalows kümmert sich eine indonesische

WEST BALI
Erholung zwischen Reisfeldern, Wasserfällen und Seen

Familie liebevoll um ihre Gäste. Der Eigentümer des Homestays kommt aus Deutschland. Kontakt: www.medewisurfhomestay.com oder +62-857-3767-4961.

114. MACHE EINEN ROADTRIP ZUM HEILIGEN BAUM IM NELKENMEER

Schnapp dir einen Roller und düse Richtung Manggisari zum heiligen Baum „Bunut Bolong". Die Straße ist vollgepackt mit Nelken, die langsam in der Sonne trocknen und einen tollen Duft verströmen.

Das Nelkenaroma führt dich an Kakao Plantagen vorbei, bis zu einem Baum der besonderen Art. Was ihn so besonders macht? Er hat ein Loch und steht mitten auf der Straße. Du findest den heiligen Baum knapp 20 Minuten, nachdem du in Medewi aufgebrochen bist.

Und Achtung: Es gibt einige Geschichten über die Mächte dieses Baumes. Man sagt beispielsweise, dass Ehepaare nicht unter dem Baum durchfahren sollten, da ihre Ehe sonst zerbricht. Außerdem sollen Leichenwagen gar nicht erst durchpassen. Gottseidank gibt es aber Möglichkeiten, den Baum einfach zu umfahren. Direkt gegenüber kannst du gemütlich einen Kopi trinken, die Aussicht auf den West Bali Nationalpark und die kühle Luft genießen.

Die Stimmung ist fast schon ein bisschen mystisch, wenn am frühen Morgen der Nebel noch dicht in den Bäumen hängt.

Falls du noch nicht genug hast, fahre weiter bis nach Gerokgak. Die Route führt durch kleine Dörfer, immer entlang an Kaffee-, Kakao- und Nelkenfeldern. Mit dem Nelkenduft in der Nase geht es steil bergauf und bergab. Hier siehst du eine noch sehr authentische Seite Balis mit atemberaubenden Landschaften. Außerdem hast du fast durchgängig einen großartigen Blick auf den West Bali Nationalpark mit seinen vielen Bergen.

115. LERNE MEHR ÜBER DAS TRADITIONELLE BÜFFELRENNEN

Jedes Jahr finden in Negara große Büffelrennen statt. Um nach Negara zu fahren, musst du von Denpasar ungefähr zwei Stunden Fahrt einberechnen. Die Büffelrennen haben eine lange Tradition, die von indonesischen Bauern begründet wurde. Mehrere Büffelpaare, die du vor dem Rennen geschmückt in einer bunten Parade sehen kannst, treten hier gegeneinander an. Neben den Preisen, die zu gewinnen sind, ist die größte Motivation der Teilnehmer, Ruhm und Ehre in ihr Dorf zu bringen. Mehrere Rennen enden in einem finalen Wettbewerb, dem Jembrana Cup im November.

Aber schon im August und während der gesamten Erntezeit, unter anderem auch auf dem Rice Harvest Festival, kannst du regelmäßig Rennen beobachten.

Tipp: Es ist sinnvoll, wenn du dir vor Ort eine Übernachtungsmöglichkeit suchst, denn die Rennen starten meist früh morgens gegen acht Uhr.

116. ERKUNDE DIE VIELFALT VON TABANAN

Tabanan ist eine Region in West-Zentralbali, zu der unter anderem der Tanah Lot Tempel, Mengwi und Jatiluwih gehören. Die Gegend bietet dir eine große Vielfalt, von bekannten Tempeln über schwarze Strände bis zu den UNESCO-Reisterrassen in Jatiluwih (Punkt 119). Der zweitgrößte Berg, Mount Batukaru (2276 Meter), befindet sich ebenfalls in der Tabanan-Region (Punkt 122).

Die Strände mit schwarzem Sand sind bei Touristen relativ unbekannt, aber sehr schön. Doch pass auf, denn die Strömungen können für Schwimmer gefährlich werden!

Der Pura Taman Ayun (Mengwi Water Temple) ist eine sehr schön gepflegte Tempelanlage, die 1634 für den König von Mengwi als Familientempel angelegt und gebaut wurde. Auch der Tanah Lot Tempel befindet sich in dieser Region und sollte am besten spät nachmittags besucht werden, um dort den Sonnenuntergang zu bestaunen (Punkt 121). Am einfachsten ist es, wenn du dir einen Roller mietest. Dadurch bist du flexibel und kannst die Region auf eigene Faust entdecken.

117. BEKOMME WIEDER EINEN KLAREN KOPF AM NUNGNUNG WASSERFALL

Einer der schönsten Wasserfälle Balis liegt im Zentrum der Insel, in der Nähe des kleinen Dörfchens Nungnung. Rund um Nungnung kannst du bei kühlen Temperaturen durch die wunderschöne Landschaft wandern, denn das Dorf liegt 900 Meter über dem Meeresspiegel. Auf dem Weg zum Wasserfall wirst du trotzdem ins Schwitzen kommen, denn du musst gut 500 Stufen bezwingen, um dir die Erfrischung gönnen zu können. Ein gutes Workout! Zieh dir festes Schuhwerk an, denn die Stufen sind gerne glitschig.

Unten angekommen, wirst du für deine Bemühungen belohnt. Es gibt nicht viele Orte auf Bali, die so erfrischend sind, wie der Nungnung Wasserfall. Du spürst seine unglaubliche Energie am besten in dem Naturpool. Hier stürzen tausende Liter Wasser im freien Fall herunter und du bist umgeben von wunderschöner grüner Natur.

Ein kühler Dunst liegt über dem spritzenden Weißwasser, die Luft ist angenehm frisch und du bekommst wieder einen klaren Kopf.

118. MACHE EINE TOUR ZU DANAU BRATAN

Um der Hitze des Süden Balis zu entfliehen, bietet sich eine Tour zu den drei Seen im Inselinneren an. Von Kuta oder Seminyak aus sind es ungefähr 55 Kilometer, von Lovina etwa 30. Du solltest für den Ausflug also auf jeden Fall einen ganzen Tag einplanen. Die drei Seen, Danau Bratan, Danau Buyan und Danau Tamblingan liegen nahe beieinander und lassen sich gut in einer Tour verbinden.

Bevor du den See Bratan erreichst, fährst du durch das kleine Dorf Bedugul. Hier gibt es einen kleinen Markt und viele Restaurants, mit teilweise sagenhaften Ausblicken über den See. Am Ufer angekommen, musst du dich durch die Touristenmassen kämpfen, da Danau Bratan und vor allem der bekannte Tempel im See (Pura Ulun Danu Bratan) eine der Hauptattraktionen sind.

Um den Wassertempel und die ganze Anlage sehen zu können, musst du ein Ticket kaufen. Doch die Investition lohnt sich: Du wirst mit einem sehr gepflegten Ambiente und tollen Fotomotiven belohnt. Der Pura Ulun Danu Bratan ist übrigens auch auf dem 20.000-Rupiah-Schein abgedruckt.

Wenn dir die Gegend rund um den Danau Bratan zu touristisch ist, fährst du einfach weiter zu den beiden anderen Seen. Auf der Straße, die nach Lovina führt, hat man einen sehr schönen Blick. Allerdings ist es in dieser Region oftmals nebelverhangen.

Tipp: Falls du deinen Ausflug im Süden von Bali startest, solltest du unbedingt warme Kleidung mitnehmen! In der Bergregion insgesamt und vor allem bei den Seen ist es relativ kühl und durch den Fahrtwind auf dem Roller kommt dir die Temperatur vermutlich noch kälter noch.

119. GEHE AUF REISFELD-ENTDECKUNGSTOUR

Die Landschaft Balis ist geprägt von saftig-grünen Reisfeldern. Überall auf der Insel findest du sie. Gehe während deiner Reise immer mal wieder auf Entdeckungstour und erfahre mehr über den Reisanbau, der eine sehr wichtige Rolle auf Bali spielt.

In der Tabanan-Region kannst du in einer entspannten Umgebung schönste Reisfelder bestaunen. Schau dabei auf alle Fälle in der Jatiluwih-Gegend vorbei. Hier kannst du inmitten der Felder übernachten und die Ruhe und Schönheit der Natur genießen. Wenn du mit deinem Roller nach Jatiluwih fährst, stelle dich auf eine sehr anstrengende Fahrt ein, da die Straßen dorthin nicht die besten sind.

Es lohnt sich aber, an diesen wunderbaren Ort zu fahren, um das UNESCO-Weltkulturerbe zu bestaunen. Du wirst entlohnt mit einem traumhaften Blick über mehrere Reisterrassentäler und spektakulären Wander-Routen quer durch die Reisterrassen. In Jatiluwih wird auch roter Reis angebaut,

WEST BALI
Erholung zwischen Reisfeldern, Wasserfällen und Seen

© Johannes Lässing

der höher wächst und länger reift als weißer Reis – dafür ist er doppelt so teuer.

Mache außerdem einen Abstecher nach Belimbing. Hier triffst du auf wunderschöne Reisfelder, sowie Kakao- und Kaffeeplantagen mit Blick auf den Gunung Batukaru. Die Gegend ist perfekt zum Wandern oder Biken.

 Lesetipp: *Jatiluwih Reisterrassen*

120. SCHLAFE IM TRADITIONELLEN LUMBUNG-HAUS IN BALIAN

Balian ist ein kleiner Ort an der Westküste Balis und besitzt einen schönen Strandabschnitt, an dem du wunderbar spazierengehen und dabei die Zeit vergessen kannst.

Die Uhren laufen langsam in Balian - eine schöne Abwechslung zum Trubel in Seminyak, Kuta oder Canggu. Wenn du in einem Gästehaus der besonderen Art schlafen möchtest, dann solltest du unbedingt Ketut in seinem Homestay "Alam Balian" besuchen. Hier hat Ketut ein verträumtes Plätzchen geschaffen, an dem du dich wie ein kleines Kind im Baumhaus fühlen kannst.

Du schläfst im traditionellen Lumbung, das früher als Reisspeicher genutzt wurde. Über eine kleine Leiter gelangst du in das sehr einfache Schlafzimmer mit einer Doppelmatratze. Mach es dir auf deiner Aussichtsplattform gemütlich, lass die Beine baumeln und genieße den Blick über wunderschöne Reisfelder. Du findest das Alam Balian Homestay zu deiner linken Seite auf dem Weg zum Balian Surf Camp.

Falls du auf Balians Top-Welle surfen möchtest, kann dir Ketut gute Tipps und sogar Surfunterricht geben. Er ist ein guter Surfguide, aber mehr als zwei Unterrichtsstunden gibt er nicht mehr am Tag. Mit 46 surft er immer noch jeden Morgen mindestens eine Stunde für sich: „Ich habe mehr Power nach dem Surfen. Wenn ich morgens aufs Wasser gehe, bin ich den ganzen Tag über glücklich."

Abends solltest du auf jeden Fall den Nachtmarkt in Balian besuchen. Er findet jeden Abend am Anfang der Jalan Pantai Balian mit einigen wenigen Essenständen statt. Probiere dich durch das lokale Angebot. Schon mal was von Bubur Kacang Ijo gehört? Das ist eine leckere Süßspeise in Indonesien. Auf dem Nachtmarkt kannst du sie probieren.

Oder doch lieber etwas Deftiges? Dann teste mal die schweren Martabak-Variationen am Eingang des Marktes. Unsere absolute Lieblingskombination: Schokolade und Erdnuss. Ansonsten findest du natürlich die gängigen indonesischen Gerichte, von Nasi Goreng, über Bakso bis hin zu Soto Ayam. Guten Appetit!

KONTAKT
Alam Balian, Telefon: +62-81236057250

WEST BALI
Erholung zwischen Reisfeldern, Wasserfällen und Seen

121. SCHAU DIR EINEN SONNENUNTERGANG AM TANAH LOT TEMPEL AN

Ja, es ist ein Fakt - der Tanah Lot Tempel ist mittlerweile sehr touristisch geworden. Wer sich aber durch posierende Besucher und Selfiestangen durchgearbeitet und ein stilles Plätzchen für sich gefunden hat, wird sich der Magie dieses Ortes kaum entziehen können. Nicht nur zum Sonnenuntergang ist der Tempel einen Besuch wert. Auch tagsüber kannst du die Umgebung des Bauwerks erkunden und die steilen Felswände rundherum bestaunen.

TOUREN TIPP
GetYourGuide bietet informative und preiswerte Touren zum Tanah Lot Tempel mit Zwischenstopp am Taman Ayun Tempel und beim Alas Kedaton Affenwald an.
Löchere deinen Guide gerne mit Fragen rund um Bali und dem Hinduismus, damit du so viele Infos wie möglich von deiner Tour mit nach Hause nehmen kannst. Infos findest du auf www.getyourguide.de.

122. WANDERE DURCH DEN REGENWALD AUF DEN GUNUNG BATUKARU

Der Gunung Batukaru ist ein erloschener Vulkan und mit 2.276 Metern der zweithöchste Berg Balis. Hier ist die Landschaft im Gegensatz zum Vulkangestein rund um den Gunung Agung nicht trocken und kahl, sondern grün, wild und tropisch. Am dichtbewaldeten südlichen Hang des Gunung Batukaru, rund zwei Kilometer vom kleinen Dorf Wongayagede entfernt, befindet sich auf 817 Metern die beeindruckende Tempelanlage Pura Luhur Batukan. Sie wurde im 11. Jahrhundert erbaut und gilt als eines von Balis sechs Nationalheiligtümern.

Die Tempel stehen in einer verwilderten, dicht bewachsenen Anlage. Souvenirshops sucht man hier vergebens, da nur wenige Touristen die mystische Anlage besuchen.

Die Tempel von Pura Luhur Batukaru sind ein guter Startpunkt für den Aufstieg zum Gipfel des Gunung Batukaru. Hier erwartet dich kein tausendfach betrampelter Wanderweg voller Touristen, sondern ein natürlicher Pfad durch den Regenwald Balis. Vor allem Locals machen sich auf den Weg zum Gipfel, um einen der vielen Tempel entlang der Route zu besuchen.

Mach dich gefasst auf einen strammen vier- bis fünfstündigen Aufstieg! Für den Rückweg braucht man normalerweise drei bis vier Stunden. Um die Tempel zu besichtigen, solltest du passende Klamotten tragen, die Knie und Schultern stets bedeckt halten. Es empfiehlt sich, für diesen Trip auf jeden Fall einen Guide zu suchen, sowie festes Schuhwerk und eine Regenjacke einpacken.

WEST BALI
Erholung zwischen Reisfeldern, Wasserfällen und Seen

MELISSA SCHUMACHER

Melissa ist Reisebloggerin, Autorin, Social-Media-Geek, Backpacking-Enthusiastin, Rettungstaucherin, und Indonesien-Liebhaberin mit viel Liebe für Umwelt und Natur. Sie besitzt einen Bachelor in Kommunikations- und Multimediamanagement. 2013 gründete Melissa erfolgreich einen Nischenblog für Indonesien (indojunkie.com), in dem sie regelmäßig über das Leben, Arbeiten und Reisen in dem faszinierenden Inselreich bloggt. Ihre endlose Energie fließt in ihre Projekte, ins Yoga und Tauchen und schlussendlich in die Erweiterung ihrer Komfort-Zone durch das Entdecken der Welt mit dem Rucksack.

PETRA HESS

Petra ist Mediendesignerin, Autorin, Taucherin, Südostasien-Liebhaberin, Backpacking-Enthusiastin, und Vegetarierin mit viel Liebe für Tier und Umwelt. Sie besitzt einen Bachelor in Kommunikations- und Multimediadesign und stieg 2014 bei Indojunkie als Autorin, Ton- und Videoproducerin ein.
Neben dem Schmieden von neuen Plänen für die weite Welt steckt Petra ihre Energie am liebsten in kreative Projekte und Reportagen, sowie ins Yoga und Ukulele spielen.

GASTAUTORIN
LISA SCHEFFOLD

Lisa studiert in Passau International Cultural and Business Studies mit iberoromanischem Schwerpunkt und ist seit ihrem Auslandssemester auf Bali eine echte Indonesienliebhaberin.

Seit sie für ein Schuljahr in Finnland war, begleitet sie ein ständiges Fernweh. Deshalb ist Lisa nach ihrem Abitur für ein Jahr nach Panama um dort im Rahmen eines Freiwilligendienstes zu leben und zu arbeiten. Am liebsten reist Lisa mit ihrem Backpack, da sie so das Land und die Leute auf eine ganz andere Art kennen lernt und so die Möglichkeit hat, ein Teil davon zu werden.

FOTOINDEX
122 Things to do in Bali

BROWN SUGAR SURFCAMP
EAT MORE SURF

Das Brown Sugar Surfcamp liegt direkt am Strand von Medewi zwischen malerischen Reisterassen, fernab vom Trubel der Touristen-Hochburg Kuta und Umgebung. Es wird vom Exildeutschen Daniel und seinem balinesischem Team seit 2008 enthusiastisch geleitet. Im Brown Sugar Surfcamp findet man, wonach sich Surfer und die, die es werden möchten, sehnen. Neben einem eigenen Sandstrand, ideal und sicher für Beginnerkurse, liegen diverse intermediate Wellen in Gehweite, darunter Balis längste Welle.

Und das Beste: Hier herrscht GLEITZEIT, sprich: alle Surfmodule sind so konzipiert dass man an jedem Tag im Jahr einsteigen kann. So ist man bei der Flugauswahl nicht an ein Datum gebunden und kann den jeweils günstigsten Flug buchen. Zum Set-Up gehören neben den klimatisierten Doppel und Einzelzimmern, eine Strand Chill Area, ein Restaurant, ein Swimmingpool, Wi-Fi, ein Surfboardverleih oder Massagen im tropischen Garten. Kurze Wege, lange Sessions, frei nach unserem Motto: Eat More Surf, willkommen im Brown Sugar Surf Retreat.

www.brownsugarcamp.com

**REISEFIEBER-REISEN GMBH
DER ASIEN-SPEZIALIST SEIT ÜBER 30 JAHREN**

Das Team von Reisefieber besteht aus Menschen, die Asien kennen und lieben, mehrfach dort waren und regelmäßig vor Ort sind.

Seit mehr als 30 Jahren lässt Reisefieber individuelle Reiseträume real werden. Vor allem die Inselwelt Indonesiens hat es dem Spezial-Reiseveranstalter für Asien angetan, und dies auch abseits der üblichen Touristenpfade. Bali pur oder in Kombination mit exotischen Inselperlen des indonesischen Archipels wie Lombok, Gili Inseln, Komodo, Flores, Sulawesi, Sumatra, Kalimantan oder West Papua ...

Mehr erfahren auf www.reisefieber.net oder ganz gezielt die Bali-Experten oder Indonesien Experten von Reisefieber über info@reisefieber.net fragen!

www.reisefieber.net

BACKPACKING UNITED
DER BACKPACKER-SHOP

Backpacking United ist ein junges Unternehmen, das von Backpackern in Deutschland gegründet wurde. Mit speziell für Backpacker ausgewählten und namenhaften Marken wie z.B. Deuter, Fjällräven, Icebreaker, Hanwag, und Dachstein wird eine sehr hohe Produktqualität angeboten. Somit bekommt der Backpacker eine TOP-Ausrüstung für die Weltreise oder Grand Tour. Sowohl die Filiale in Heidelberg als auch der Online-Shop bieten wertvolle Produktinformationen. Ein toller Service für Backpacker: Es wird weltweit in jede Ecke der Welt ausgeliefert, sodass auch Ersatzlieferungen bei mehrjährigen Weltreisen möglich sind.

www.backpacking-united.com

GETYOURGUIDE

Den Urlaub aufpeppen: Mit GetYourGuide kommt am Urlaubsort keine Langeweile auf. Auf dem On-line-Portal finden sich über 27.400 Touren, Aktivitä-ten und Attraktionen für mehr als 2.500 Reiseziele weltweit. Auf Bali gibt es viele Wege, um in die ba-linesische Kultur einzutauchen. So kannst du mit dem Fahrrad durch die Reisfelder fahren, auf dem Boot Delfinen beim Baden zuschauen oder beim Wandern einen der vielen Tempel besuchen. Wir helfen dir dabei, das richtige Erlebnis zu finden. Viel Spaß beim Entdecken!

www.getyourguide.de

COCOSTRAVEL
BIKEN IM INSELPARADIES BALI

Lass dich von dem deutsch-indonesischem Team in die zauberhafte Inselwelt im Indischen Ozean entführen! Die Touren von CocosTravel sind eine Kombination aus Bike, Spaß und Erleben. Das Team rund um Werner Duderstadt hat sich der Lebensart der überaus freundlichen Insulaner angepasst und so sind Hektik oder Stress für sie Fremdworte.

Highlights aus dem Programm sind die „Bali & Java Bike Adventure Tour", die „Trauminsel Bali per Bike Tour" und die „Bali & Lombok Bike Tour". Die Trips dauern zwischen 7 und 14 Tagen und liegen im Bike Level 2. Sie sind demnach für jeden fahrbar, zur Sicherheit ist auch stets ein Begleitfahrzeug bei allen Strecken dabei. Die Gruppen sind klein und die Hotels und teilweise landestypischen Unterkünfte zum Übernachten persönlich ausgesucht.

Jeder Tag beginnt mit einem gemeinsamen Frühstück und endet mit regionalen Spezialitäten und einem kühlen Bintang Bier oder einem der köstlichen Papaya-, Mango-, Melonen- oder Orangensäfte. Werner kennt die Inseln wie seine Westentasche und seine Touren sind ein ganz besonderes Erlebnis.

www.cocostravel.de

KIMA SURF CAMP

Eat, Sleep, Surf... ist unser Kima Motto. Seit 1995 veranstalten wir mit Kima Surf Bali zahlreiche Surf-camp-Reisen an den besten Surfspots der Insel. Von Canggu, über Seminyak, Berawa und Berawa Beach, bis hin zu Padang und Green Bowl auf der Südinsel von Bali, hat jedes Surfcamp ein einzigartiges Flair. Das Surf-Guiding wird zweimal täglich an 7 Tagen pro Woche angeboten und ist bereits im Preis enthalten. Pro Tag werden bis zu 16 Spots angefahren und jedes Guiding ist in 5 Schwierigkeitslevel eingeteilt. Somit kannst du dir sicher sein, dass du einen unvergesslichen und vielfältigen Surfurlaub erlebst, für alle Surflevels.

www.kimasurf.com